福祉と住宅をつなぐ

課題先進都市・大牟田市職員の実践

牧嶋誠吾 著

学芸出版社

刊行によせて

超高齢化と現場で向き合った自治体職員の物語

ポスト・コロナの時に、日本社会を待ち受けているのは、都市部を中心とした人口の超高齢化とその続きで起きる多死社会の到来、そして究極的には激しい人口減少である。未来とは不確定なはずだが、この予測だけは外れる可能性はほとんどない。しかもやっかいなことに、こうした事態に直面することは、世界的にみても、歴史的にみても前例がない。私たちはまさに未体験ゾーンに突入する。

と、書いてしまうと悲壮感に包み込まれてしまうが、安心していただきたい。そうした世界と時間をすでに経験し、それを乗り越えてきた地域と人たちがいる。本書は、こうした事態の中で、獅子奮迅というよりも、それに真摯に向き合い現場で多くの人や出来事と取っ組み合いながら何とか乗り越えてきた一人の自治体職員による物語である。

その語り部とは、福岡県大牟田市で30年余自治体職員として活躍してきた牧嶋誠吾さんである。牧嶋さんはニコっとすると〝鶴瓶〟そっくりの笑顔になる。笑福亭鶴瓶をほっそりさせて少し若返らせたようなイメージの人である。だから、難しい話ではない。されど、ぐさっとした本質は突いてくる。

さて、その牧嶋さんだが、のっけから牧嶋語録がどんどん飛び出てくる。「福祉というのは、暮らしのことである」「住宅とは、暮らしを包む風呂敷である」「地域、まちづくりとは、たくさんの人や関係の折り合いをつけることである」等々。これで、本書のタイトルである「福祉と住宅をつなぐ」の意味はご理解いただけると思う。牧嶋さんはもともとは建築技術職の自治体職員であったが、介護保険開始真っ只中の時期に福祉行政も自ら手を上げて経験し、人々の福祉、すなわち暮らしと、その基盤となる住宅をつなぎ、地域そのものを元気にするまちづくりに30年余に渡って携わってきた。その体験の記録とそれを昇華させた知見が本書であり、これをお手本にすれば私たちも超高齢化、多死、人口減少の未曾有の事態に備えることができる。

牧嶋さんが活躍する舞台は、福岡県大牟田市である。大牟田市のことを知らない人でも、盆踊りの定番の「炭坑節《たんこうぶし》」はご存知であろう。「月が出たでた月が出た　三池炭鉱の上に出た　あんまり煙突が高いので…」と唄われた三池炭鉱があったのが大牟田市である。舞台装置が大牟田市であることは極めて重要である。

大牟田市は近代国家の曙を告げる都市として誕生し、近代当初から高度経済成長期までの日本の繁栄を支え続けた。しかし、1997年に炭鉱は閉山となり、現在は環境リサイクルや福祉先進都市としての生き残りに賭けている。最盛期の1960年に20・5万人であった人口は今や半減しつつあり、過剰インフラと高齢化、人口減、経済的衰退に直面している。大牟田市は、日本各地の都市でこれから起きることを20、30年ほど先取りしており、今の時代においても最先端都市であることに変わりはない。

その大牟田市で、牧嶋さんが住宅、福祉、まちづくりに関してどこで誰とどのように取り組み、いくつもの難題をどのように乗り越えてきたのかが第1章から第6章まで詳細に語られている。そこに共通するのは、「問題の発見→目的の設定→実行→振返り→より着実な成果→経験の蓄積→（次のステップ）」の一連のプロセスである。コトに臨むに際して、地道ではあるが王道ともいえるこの過程を丁寧に踏むことによって、実質のあるより大きな果実が得られることがわかる。

また、あえて牧嶋流の秘訣は…というと、常に「現場に立つこと」と「現場を変えること」である。新型コロナウィルス感染禍ではからずも露見したが、現代社会は意外なほど脆弱である。その理由の一つに、たとえば、自治体職員が庶民の暮らしの現場を知らなかったり、民間企業でも管理職になるほど現場の事情に疎くなり、専門職といわれる人ほど現場でモノやコトをつくりだす力が希薄になっていることがある。それに対して、現場に立つことと現場力（現実を変える力）で牧嶋さんは立ち向かっている。

もう一つの秘訣は、決して孤軍奮闘しないということである。常に仲間をつくり互いを大切にし、仲間といっしょに楽しんでやる。この仲間とは、単に自治体職員同士ということではなく、専門分野の異なる人たちも頼りになる仲間、バリアフリーを求める住民とその家族がいればその人たちも仲間、地域のおじちゃんやおばちゃん、子どもたちも仲間である。牧嶋流は多くの仲間たちと真に「協働」し、たくさんの汗や涙を流すことでさまざまに入り組む利害関係を乗り越えて目的に向かって進む。

さらに、この本にはもう一つ別の読み解き方がある。それは、住宅政策、福祉政策の30年史として読む方法である。バブル経済真っ盛りの時期から現在までの30年間について、国全体の住宅・福祉政策がどうであったか、それを自治体がどう受けとめ実践したのか、絵に描いた餅的に実行されなかったことを含めて的確に整理されている。また、大所・高所の観点が濃い政策と、現場の地域や庶民の暮らしの関わりや食い違いまでを本書から実感を持って知ることができる。

建築職、福祉職の方、ごく普通の市民の方など、多くの方々に本書をお読みいただければと思う。牧嶋さんの現場力溢れた温かい気持ちがこもるエッセンスに触れることで、私たちの近未来の暮らし、住まい、まちを自分たちの手で変えられるという勇気がもらえる。

２０２１年４月

園田眞理子

はじめに——住宅は暮らしを包む風呂敷である

福祉=暮らしと住まい

私は「福祉」を「暮らし」と読み替えるようにしている。「福祉」とは高齢者や障がい者などに対して特別なサービスを提供しているように捉えられがちだが、「暮らし」という言葉に置き換えると、まさにまちづくりと同様に広い意味で解釈することが可能であり、私みたいな建築の専門職でも多職種の一人として、高齢者の暮らしを支援することができる。

住宅というハコは、暮らしを包む風呂敷のようなものである。この風呂敷のなかでさまざまな暮らしが営まれ、そして風呂敷ごとに一人一人の生活が異なるのだ。「暮らし」のなかには、住環境の問題、子育ての問題、環境の問題などがあり、さまざまな人たちが活動している。その個別の活動をいかにして共通言語を用い、横串を通していくかがこれからの課題でもあり、楽しみでもある。まちづくりという言葉は広いからこそ、いろんな人たちをつなぎ合わせる作業が必要であり、そのなかから生じる「折り合い」がまさに「地域」であり、「まちづくり」だろうと考えている。高齢化の問題は、まさに年齢で区切られた概念であり、高齢者=弱者ではなく、知恵（知識）の宝庫として、いつまでも現役であり、自分自身が地域資源であることに気づいていただけることが重要であり、「福祉」を中心に、つまり「暮らし」を中心に考えていくことで、マチが抱えるさまざまな問題解決につながるものだと思っている。

本書には私がそのように考えるようになったきっかけや、そうした思いから積み重ねてきた実践を綴ってみた。人口減少と高齢化の先進地といわれる大牟田市での一公務員の試みにすぎないが、全国のまちづくり、とりわけ住宅政策に関わる人たちに、共感していただけたら、と思う。

大牟田市の概況

大牟田市は、九州のほぼ中央に位置し、石炭産業と共に発展した鉱工業都市であった。人口は1960（S35）年の約20万5千人をピークに、今なお減少に歯止めがかからない状況にあり、2020（R02）年4月現在、住民基本台帳による人口は11万3千人となった。この60年間でおよそ9万人もの人がいなくなった計算になる。高齢化率は36・4％であり、全国平均のおよそ20年以上先を進んでおり、いわゆる高齢先進都市と言われている。

明治期から石炭産業で栄えた大牟田市は、関連する企業の化学工場や発電所などが集積し、県外から多くの会社関係の人たちが集まり、商業が盛んな都市に発展していった。1917（T06）年に市制を施行すると、他の大都市と同様、道路や鉄道に加え、路面電車まで整備された。さらに1949（S24）年、県から市へと保健所が移管され、大牟田市の人口規模では全国的にも珍しい保健所が設置された特例的な市だった。

このように石炭都市として栄華を誇っていたが、高度経済成長以後、国のエネルギー政策の転換により、石炭産業は急速に斜陽化し、三池炭鉱の衰退と同時に大牟田市も勢いを失っていった。1997(H9)年、三池炭鉱は完全に閉山し、国会でも閉山対策の議論が巻き起こった。マチの衰退を阻止しようと「ネイブルランド」という遊園地をつくり観光による集客事業に取り組むほか、環境リサイクル都市・大牟田を目指すが、いずれもマチの発展のための起爆剤にはならなかった。さらに大牟田市発展の象徴でもある保健所機能は、2020年(R02)年3月、県に返還することが決まった。一方で明るい話題として、2015(H27)年7月、「明治日本の産業革命遺産製鉄・製鋼、造船、石炭産業」がユネスコ(国連教育科学文化機関)の世界文化遺産に登録され、大牟田市の「宮原坑」「三池炭鉱専用鉄道敷跡」「三池港」もその構成資産となっている。

このように石炭と共に発展し、「黒ダイヤ」の街として文字どおり輝いていた大牟田市は、日本の産業の牽引者としてその役割を果たしてきた。だが、その輝かしい歴史の影には、戦前戦中の囚人労働や外国人(中国・朝鮮)強制労働などの過酷な重労働の歴史も残る。また1960(S35)年には日本最大の労働争議があり、そうした『負の遺産』があることも忘れてはならない。

以上の大牟田市の歴史を本書の背景として念頭に置いて、お読みいただきたい。

牧嶋誠吾

目次

第6章　住宅・福祉部局の連携で2040年を乗り越える―――177

第7章　自治体職員が変われば地域が変わる

第1章　自宅で住み続けられるために——バリアフリー住宅施策の推進

1・1 設計事務所での失敗とバリアフリーとの出会い

1988（S63）年、大学卒業後、関西の建設会社に勤務した後、熊本市内の設計事務所に再就職し、個人住宅や納骨堂に加え、県営住宅の建替基本計画などの策定に携わった。またこの設計事務所では、当時熊本県が推進していた木造軸組工法の「郷の匠工法」による住宅設計に取り組んでいたのである。

あるとき事務所に住宅の設計をお願いしたいとの電話が入った。住宅の依頼主は、音楽家のご主人と内科系の勤務医である妻と子ども2人の家族構成である。家族にとっては夢のマイホームづくりが始まり、私たちの設計事務所は、その夢づくりのお手伝いをすることとなった。初回の打ち合わせ時には、たくさんの要望を聞き、その後、平面計画や立面図などの基本設計を進めることになる。事務所の方針で打ち合わせ時には、必ず平面プランと模型を持参することとしていた。が、たまに詰めきれていない図面を作成していると、打ち合わせの数時間前に模型を壊され、そこから慌てて再制作することになり、「遅れます」との電話を何度となく入れたものだった。

数回の打ち合わせを行うなか、奥様から将来は自分の母を引き取ることを想定しており、「家のなかは段差がないようにして欲しい」とのリクエストがあり自分の耳を疑った。1990年代当初、バリアフリーという言葉はあまり普及しておらず、本屋に行ってもそうした書物を見かけることが少なかった。翻って大学での授業では、バリアフリーのことを教えてもらった記憶もない。むしろ、建築史の講義では、空間にはそれぞれ格式があり、空間構成には段差を変えることで序列が決まることを教えられてきたのである。こうしたことから、当時はこの要望に対してあまり気にかけず、図面を描き進めてしまったのである。建築確認申請の許可後、工事は着手し、その間施主とのさまざまな打ち合わせを行いながら工事は進んでいった。

ある日、施主から一本の電話がかかってきた。「段差がないようにして欲しい」と言っていたはずだけど、段差がついている」とのことだった。すぐさま現場に駆けつけ、打ち合わせを行い、私の力不足だったことをお詫びしたのである。本来ならばお詫びではすまなかったのだろうが、寛大な施主に救われた出来事だった。猛省したものの、施主に寄り添え切れなったこの失敗は、その後、心の片隅に居続け、私の人生を左右する出来事となったのである。

また、在籍したこの設計事務所は、建物の設計・監理に加え、公共事業にかかる業務を受託していた。とくに県営住宅の建替事業では、具体の実施設計を始める前に、対象となる団地の特性等を把握するために建替基本構想を策定する。当時の住宅政策では、住宅総数を確保することになっており、長屋タイプの木造かブロック造で平屋建てだった住宅の建替にあたって量的不足を解消するため、住宅を上に積み上げて従前戸数をはるかに超えて計画するものであった。この頃の計画では、入居者が公営住宅でどのような生活をしているか等は一切考えていなかった。当時の公営住宅の位置づけは、「住宅すごろく」で喩えるなら、マイホームを持つまでの途上段階の住まいとしての位置づけだった。よって、今日みたいな高齢化による問題などまったく関係なく、むしろ若い世帯の子どもを中心としたコミュニティによって活気づいていた。

こうしたなか、唯一、気になったのがどこの団地にも設置されている集会所の利用実態だった。集会所は入居者相互の親睦と円滑な共同生活を図る目的で、公営住宅整備基準によって整備することになっているが、現地調査のために団地内を見て回っているときに集会所の利用状況を入居者に尋ねると、年に1回の総会に使うぐらいとの回答であり、実態としてはほぼ使われていない状況であった。県の担当者にこの集会所を、「入居者にかぎらず、その周辺地域に暮らす住民も施設を利用できるように地域に開放しよう」と提案したが、公営住宅法の趣旨に反するとの理由で、検討されることもなく却下された。

このように団地の建替基本構想を受託後、さまざまな調査やヒアリング、関係法令に合致したボリューム設計などを検討するなか、いつの間にか提出期限が近づいていることに気づく。県の担当者から毎日のように進行状況や提出期限の確認や催促の電話があるものの作業はなかなか進まず、提出前3日間の徹夜によって何とか提出することができた。設計事務所の勤務は、今日言われている働き方改革なんて想像すらできないことばかりだった。ほぼ2年にわたる設計事務所での修行生活だったが、通勤に車で片道1時間。帰宅はいつも午前様。夜中の原因不明の咳による睡眠不足がたたり、少々身体を壊しかけたが、個人住宅の設計や公営住宅の建替事業に関わることによって、高齢者の住まいや公営住宅のあり方に興味を抱くようになる。

1・2　バリアフリー実践活動の始まり

設計事務所でのバリアフリー住宅の失敗をへて、縁あって1992（H04）年、大牟田市役所に入庁する。最初の配属先は公共施設の建設や改修と市営住宅の管理を主な所掌事務とする建築住宅課である。配属1、2年目は公共施設の営繕工事担当となり、学校の内部改修や清掃車両の車庫に加え、消防団の格納庫などの設計と建設に携わる。小学校の改修工事は、教室内の柱、壁、建具をペンキで塗り替えるといったお化粧直しをし、消防団の格納庫整備は、白紙の図面用紙に配置図、平面図、立面図などの種々の図面作成に加え、構造図では鉄筋を何本入れるかなど詳細設計を作成する。図面が完成すると、その後積算を行い、工事を予算内に収めるための再調整を行うことになる。こうした一連の設計作業が終わると、入札で施工業者が決定する。その後工事が始まりヘルメットと安全帯などの現場小道具を持参して工事業者との打ち合わせなど設計監理を行っていた。いわゆるモノづくりを楽しむガチガチの建築屋だった。

1年半が過ぎる頃、たまたまロータス123（表計算ソフト）を使えるということで、同和対策の改良住宅建設事業を担当することになる。この改良住宅建設事業は、国から補助金を活用して整備する事業であり、補助申請などのためにパソコンが必須だった。当時の市役所は、パソコンなどほとんど普及していない時代である。設計が終わった後の積算業務はすべて電卓による手計算で行っていた時代だった。設計事務所時代に自費で購入したパソコンを持参し、設計書の作成や補助申請書を作成し事業を進めていくことになる。2年目途中から住宅整備担当となり、本格的に公営住宅の建替事業の整備に携わることになる。1994（H06）年、この頃を境に国の住宅政策は徐々に変化し、住宅の量的整備から質的整備へ転換する始まりだったように思う。その後公営住宅の整備基準には、高齢者に配慮した手すり設置や室内の段差をなくすなどが示されるようになった。

こうした背景のなか、公共施設も同様にバリアフリー化の整備が進められるようになった。1941（S16）年に完成した素晴らしい官庁建築の大牟田市庁舎でも、庁舎内のバリアフリー化工事に1994（H06）年に着手した。現在、建替の是非が問われている庁舎である。当時、公共施設のバリアフリーにおける整備基準（マニュアル）みたいなものが出始めていたが、そのマニュアルは初期の段階であり、私にとってはまだまだ不確かなものだった。この整備を担当した同僚に、庁舎のバリアフリー改修の検証をしようと持ちかけ、改修工事の依頼課であった総務課に打診し、休日の閉庁日を利用して、バリアフリー化工事の検証を行った。事前にコースの下

ライトアップされた大牟田市役所庁舎

見をし、ルート図の作成や班分けを行うとともに、車いすを庁内と市社協から借りるなど準備に奔走した。また高齢者の疑似体験ができるという情報を得て、そのグッズ（当時の名称は浦島太郎だったように記憶している）を福岡市内のコンサルタント会社から安価で借り受けることができ、検証準備は完了した。労働組合の自治研や建築士会関係者に声をかけ、当日は40名ぐらいの参加を得て開催することができた。私の知らない福祉関係者や市議会議員も参加してくれた。

参加者は慣れない車いすに乗りながら改修個所の点検を行う。高齢者疑似体験では、手首と足首に重りをつけ、目には海水浴で使用するゴーグルに黄色のセロファンが張られた白内障の高齢者を再現するグッズを装着し、一本杖を持って庁舎内の決められたコースを回る。案の定、参加した方からは、「初めて車いすに乗ったが上手に操作できなくて大変だった！」「健常者の上から目線が威圧的だった！」「スロープ勾配は基準どおりなのだろうがとてもきつかった！」「高齢者疑似体験では白内障の方の気持ちが理解できた！」「階段の上がり下りはとても怖かった！」などの意見をいただくことができた。こうしてマニュアルがいかに最低の基準を定めたものかを認識するとともに、高齢者や障がい者の立場なってモノづくりをすることの重要性を感じた。

こうした取り組みがきっかけとなり、バリアフリー化の視点は、在宅高齢者の住まいに移行していくことになった。

庁舎別館を拠点に在宅サービスを提供していた市直営のホームヘルパー事業所や市内に暮らす在宅高齢者の支援をしていた在宅介護支援センターへ御用聞きを始めた。ホームヘルパー事業所や在宅介護支援センターの定例会議等に押しかけ、高齢者の在宅生活において不便な生活を強いられているようなことがないか、あるいは私たち建築に携わる者が何かお手伝いすることがないか尋ねていった。そうすると、あるヘルパーさんから、「電球の交換で困っている」「建具の開け閉めが悪い」「手すりが欲しい」「段差があって家のなかを移動することができない」など、大小さまざまな要望を聞くことができた。建築士会の仲間に報告すると、「何とかしよう！」ということになり、平日の17時以降や休日を使って、戸別訪問や話し合いを持ちながら、今の自分たちでできることをやっていった。

ある日ヘルパーさんの紹介で、脳梗塞の後遺症で片麻痺の障がいのある高齢夫婦世帯のお宅を訪問した。お邪魔するとすでにいたるところに手すりをつけてあったが、ある手すりにはタオルが掛けてあり、意味をなさない手すりになっているものもあった。おそらく壁下地の関係もあり、施工業者にとって取りつけやすい場所へ手すりを取りつけたのだと思った。このときバリアフリーを推進していくためには、中途半端な知識や住宅施策によるかけ声だけではだめだということを痛感した。

1996（H08）年、建築士会大牟田支部の青年部有志により、「高齢者住宅等にかかる研究チーム」を結成し、翌年、「高齢者住宅研究会（会長・入家雅彦）」という名称で発足し、在宅介護における居住環境（バリアフリー）整備の取り組みが本格的に始まった。活動を開始したとは言ったものの、高齢者のことやバリアフリーに関する知識がほとんどないことに気がついた私たちは、今みたいにインターネットなどが普及していない時代のなか、高齢者・障がい者に関する書籍を読んだり、実際に手すりを取りつけに相談者の家に訪問する実地訓練をしたり、福祉・医療関係者を講師に招いて勉強会を開催したり、近郊の福祉施設を見学したりして、バリアフリー住宅改修のための基本的な知識を身につけていった。このように走りながら考え、いくつかの物件を経験するうちに私たちの知識も豊富になり、相談物件ごとにさまざまな議論ができるようになっていった。加えてマニュアルにこだわるのではなく、さまざまなケースを通して培ってきた経験に基づいた知識やアイデアを持ち寄って検討することで、的確なアドバイスができるようになった。

活動を開始した当初のケース会議は、昼休みの1時間を利用して会員の奥さんの実家の小料理屋で昼飯の弁当を食べながら、バリアフリー改修計画について検討していたが、回を重ねるにつれ、しだいに時間が足りなくなり、毎週水曜日19時から勉強会を定期的に開催することにした。当初、建築技術者のみの集まりだったが、こうした活動に興味を持ったさまざまな職種の人が人を呼び、どんどん広がっていった。在宅介護支援センターの職員や病院に所属する理学療法士（PT）や作業療法士（OT）、介護職員、看護師など、多くの職種の方が積極的に参加してくれた。今でいう多職種連携の始まりである。私たち建築技術者が知らない福祉制度のことや病名による身体特性や身体機能（ADL）の特徴などを知ることとなり、ちょっとした思いつきで始めたバリアフリーの取り組みは、さまざまな職種の関わりによって多くの知見を得ることができクオリティの高いものとなった。当初は、手すりを取りつけることや段差をなくすことがバリアフリー改修と思っていたが、バリアフリー改修の本質は、介護の有無に関係なく、高齢者の在宅生活を豊かにすることだと知ることができた。

こうした活動をしている一方で、バリアフリー改修のマニュアルがしだいに浸透し始めてきたが、このマニュアルを鵜呑みする施工業者がいることも分かった。とくに個人住宅の場合、マニュアルどおりに施工したからといって、最適な在宅環境を提供することができていない。要介護者の身体状況によっては、マニュアルが当てはまらないケースがあり、バリアフリー改修は個別性が高いことに気づかされた。また改修するための費用負担の問題もあり、収入が少ない家庭ではこうした改修をできないことも分かった。ある足の不自由なリウマチ高齢者のケースでは、立派な庭園に接する玄関までの石畳の景観を壊したくないという家族間の問題もあり、その折り合いをつけるのも一苦労だった。こうしたことは被援護者をはじめ、家族の話を傾聴して妥協点を見出し、より良い在宅生活の環境づくりを進めるためには、話を丁寧に聴くところから始めないとバリアフリーの意味をなさないことが分かった。高齢者一人一人で解決の仕方は違う。どの高齢者にも画一的に手すりを設置したり段差解消をしたらいいというものではない。さらにその解決策は大工さんが一人で決められるものでもない。このようにバリアフリーの環境整備を進めるためには、身体的問題やハードの環境整備だけでなく、家族関係や経済的問題等多岐にわたっており、これら複雑多岐にわたるニーズの解決策として介護する家族や医療・福祉による多くの専門職と相談しながら適切な改修を見出していく必要性があることが分かった。つまり改修には総合性という視点が必要だということを理解することができた。

その後、バリアフリーの改修相談は在宅介護支援センターやホームヘルパーから途切れることなく入ってきた。会議は2時間を超えることもしばしばあった。また高齢者にかぎらず、障がい者生活支援センターからもさまざまな相談を受けることになった。相談を受けると、担当を割り振り、現地調査（平面図作成と施主の要望などの聞き取り）を行い、アセスメントシートをまとめて会議に諮る。それぞれの専門職から意見が出され、喧々諤々の意見が出され改修プランが出来あがり、相談者に提案するという流れである。プランができると相談者宅に訪問し、改修図面で工事内容を説明する。その後の工事は相談者自ら工務店や大工さんを選定し、工事に着手することになる。相談者から工事業者の紹介をしてくれとの依頼もあったが、施工業者の紹介は私たち行政や建築士会が関わっていたことからやらなかった。ところが、完成したとの報告を受け、現場に訪問すると手すりの取りつけ位置が微妙に違っていたり、若干の段差が残っていたり、私たちが意図するバリアフリーの環境になっていないことが判明する。背景には建築の構造上、工事をする側にとって都合のいいように解釈していることがあった。施工業者はバリアフリー改修を一般的な改修工事と同様に考えており、身体機能に合わせた改修の目的や意図をまったく理解せず、さらに実際に住む側の要望や身体状況も確認することなく、「つくる側」の都合に合わせて工事がなされていたのだ。こんなことをこれからも続けていては高齢化する大牟田のマチは良くならない。こうした状況を打破するためには、つくり手（大工さんたち）の意識を変えることが必要だという認識にいたった。さて、どうするか……。

1・3 「市民協働」による住宅施策の推進

大牟田市では1984年（S59）年、地域の特性を活かしたまちづくりや住まいづくりを推進する目的で「HOPE（housing with proper environment）計画」を策定していた。また1990（H02）年には、加齢に適した住宅の確保と総合的な居住環境の整備を目指し、高齢者が安心して住めるための住宅計画を推進することを目的に「地域高齢者住宅計画」を策定していた。市ではこれらの計画を推進するために、関係する職能団体に集まってもらって推進委員会を設置し取り組みを進めていた。HOPE計画では「グリーンコリドール」と称して市内を緑でつなごうという施策があり、戸建て住宅の生垣整備に対して補助金を支給したり、大小のイベントを行うなどさまざまな普及啓発に取り組んでいた。

一方、地域高齢者住宅計画は、高齢者住宅といった概念が浸透していないなか、かけ声だけの表面上の啓発活動に終始するだけだった。啓発活動という性質上、とくに目に見える成果も出ず、時間の経過とともに推進活動は形骸化し、予算は徐々に削減されている状況だった。しかしながら、1997（H09）年の大牟田市の高齢化率は22・6％であり、全国平均から見ると著しく進展しており、全国の人口10万人以上の都市における高齢化率ランキング（1997（H9）年度老人保健福祉サービス利用状況地図）では、北海道小樽市や長野県飯田市を抑えて第1位という状況にあり、在宅高齢者の環境整備は喫緊の課題であった。

こうした市の取り組みとは別に、独自に取り組んでいた高齢者住宅のバリアフリー改修において、つくり手（大工さんたち）の意識変革を変える「施工業者の人材育成」といった課題が見えていたこともあり、市の住宅施策に位置づけて取り組むことができないかと考えていた。そんな矢先に前任者の人事異動により、その後任として住宅政策を担当することとなった。最初に着手したのが、二つの推進計画で設置していた委員会の解散である。予算がないといった背景もあったが、それ以上に形骸化した推進会議のあり方を見直し、それぞれの計画の推進方法を一から考え直す必要があると感じていたからだ。

さっそく当時の地域高齢者住宅計画推進委員会の委員長だった有明高専建築学科の北岡敏郎先生に相談し、発展的解消ということで了承してもらう。一方、現在もそうだが、役所の各種委員会の進め方は、事務局で案を作成し委員から意見を伺うといったスタイルを取り、あたかも役所が考えた案が最適解のように取り繕う。高齢化が進む大牟田にとって、そんな芝居じみた委員会は不要であり、真に必要なのは市民生活に密着した施策であり、かつ迅速に対応することが望まれた。そう思った私は、このような会議のあり方を変えたいと思い、勢いで人事課を訪ねていき、「住宅政策を推進するために役所が中心になって取り組むのではなく、住民と一緒に考えることが必要だ。選定した職能団体の代表や市民を顧問みたいな位置づけにできないか？」と市の会議規則の見直しができるか相談した。が、「そんなやり方や話はこれまで聞いたことがない」と担当者から一蹴された。今思うと大胆なことをしたなと思うが、実際に在宅介護や障がいを抱えながら厳しい環境で生活をしている現場を見てきた私にとって、何とかしなければという想いだった。

ちょうどこの頃、庁内では「市民協働」をテーマとした計画書を策定するという話が持ち上がっており、この市民協働の策定委員会の庁内委員として参画することになった。協働とは、複数の主体が、何らかの目標を共有し、共に力を合わせて活動することをいう（ウィキペディア（Wikipedia）より）。

市民協働は、地方自治におけるまちづくりの取り組みに不可欠なものとして唱えられている概念の一つであり、地域の課題解決に向けて、行政単独では解決できない問題がある場合、または市民だけでは解決できない問題などがある場合に、相互にお互いの不足を補い合い、共に協力して課題解決に向けた取り組みのことをいう。この「協働」の考え方を基本に、具体の住宅施策に取り組むことのできる新組織を立ち上げることとした。メンバーには元推進会議の委員をはじめ前述したバリアフリーの取り組みで参画してくださった市内の専門職および職能団体に参加を呼びかけ、大牟田市の高齢化の現状と高齢者住宅の改修の現状と課題をテーマに会議を開催した。もちろん委員報酬などという概念もない。皆さん手弁当で会議に参加してくれた。おそらく当時の上司にとって私のやり方は、これまでの行政手法と異なりかなり理解に苦しんだと思う。

さらに行政内部の偉い職員には、野党といわれる政党が関係する職能団体を委員等に関わらせることを嫌うが、大工さんをはじめ住宅づくりに関わる人が多い団体の代表を委員として参画してもらった。案の定、漏れ聞こえてきたのは、「意見が食い違う団体をなぜ入れるのか！」という声もあったが、私にはそんな声を受け止められる脳細胞が存在せず、軽く聞き流して前へ進めてきた。しかしながら、この後、「やめろ！」などといった意見は一切なく、むしろ自由に泳がせていただいた結果、さまざまなところから応援エールをいただいた。上司に恵まれたこともあるが、住民の生活を直接見聞きして、自分の信念を持ち、必要なところへ必要な支援を届けることが大切であることを改めて知った。

手弁当による会議で、在宅高齢者のバリアフリー改修の現状と実態を説明すると想像以上の賛同を得た。とくに高齢者の生活に直接関わっている福祉系事業者の委員からは、積極的に関わりたいとの意見をいただいた。市ではこれらの取り組みを地域高齢者住宅計画の施策に位置づけ、集まっていただいたメンバーと共に、これからの事業について企画段階から協議することにした。とはいえ、会議体の名称すら決まっていなかったので、最初の決め事はこの会議体の名前を決めることとした。これには私自身の企みがあって提案した。一緒に汗をかく仲間とプロセスを共有し、共に作り上げるという行為にこそ、参画する人たちが主体的に関わってもらえると考えていたからだ。名称については、事務局である役所からは、「案」を一切提示せず、メンバーから案を募集し20個ぐらいのネーミング案が出揃った。メンバーによる投票をへて決定した会議体の名称が、「大牟田住まい・まちづくりネットワーク」である。こうして官民協働による住宅政策を推進するための組織が結成された。このネットワークが取り組んだ最初の事業が、この後に記すバリアフリー改修のための人材育成を目的とした「バリアフリー住宅士養成講習会」である。こうして、役所の既成概念にとらわれない大牟田市の住宅政策が再スタートを切ったのである。

1・4　官民協働・多職種連携による住まい・まちづくりネットワークの設立

行政の価値観とは、相対評価ではなく市民による絶対評価だと思っている。まちづくりにおけるこれまでの行政手法は、カタチだけの市民参加はあるものの、行政が主体となって計画を策定し、啓発活動などに取り組むが、自らのマチをよくするために、なぜ役所だけが主体となって考える必要があるのか不思議でならなかった。むしろ行政は市民（民間）と共に手を取り、知恵を出し合い、実行・実践することがこれからの社会に必要であり、そのほうが市民の満足度も高くなると思う。しかしながら、各種行政計画はコンサルタントに委託して金太郎飴みたいに出てきた計画を庁内の委員会や議会に案として提出し、その後パブリックコメントという手法で住民にるのだろうか。こうしたやり方で本当のまちづくりができるようになっているような気がする。加えて議員も同様、こうした手法も見直さなければならない時代になっているが、これからの時代は住民と一緒になって行動し、行政情報をいち早く得ることが議員特権みたいになっているが、これからの時代は住民と一緒になって行動し、そのなかで意見を述べたらいいと思う。と同時に、行政職員もこれまでのやり方に疑問を持ち、自らのスタンスを改めることが必要ではないだろうか。これからのマチに必要なことは、住民と一緒に、わがマチの未来を語り、考える場を創出し、そうしたプロセスを共有することではないだろうか。

大牟田住まい・まちづくりネットワーク（以下、ネットワーク）は、官民協働によって2000（H12）年6月に設立した。ネットワークのメンバーは、市内のケアマネや医師、障がい当事者および支援団体、女性団体、理学療法士（PT）、作業療法士（OT）、建築士、建設業組合、行政など多岐にわたる専門職（多職種協働）で構成されており、現場の第一線で活躍している人たちで構成した。これまでの役所では、職能団体の偉い肩書の人たちが集まりがちであったが、カタチだけの会では市民のためにならず、むしろ現場からの声（ニーズ）をしっかり受け止め、迅速に行動することが高齢化の進む大牟田にとって必要と感じていたことから、あえて偉い肩書の人は遠慮してもらった。

ネットワークでは、「福祉」を「暮らし」と読み替え、市民が健康で安心して暮らせる住環境づくりと良好な市街地の形成・地域住宅文化の育成を目指し、市民・民間事業者・行政がパートナーシップのもと、自ら考え提言し、できるものは自らが実行し、暮らしの視点で地域の活性化を目指し、暮らしに密着した活動を展開してきた。基本理念は、『住まいは、暮らしの基本であり、まちを創る大きな要素の一つです』とし、活動の基本コンセプトには、『これまでまちづくりというと、主役である市民が不在のなか、行政主導型で取り組まれてきた。しかしながら、私たちは、私たちのマチ（大牟田）や住まいを暮らしの目線で捉え、慣れ親しんだその地域で安心して健康に暮らしていくため、会員（市民）自らが参加し、また参加できる仕組みをつくり、さまざまな視点や立場で議論し、知恵と汗を出し合い、そして実行していくこと』とした。今日、多職種連携とさまざまな分野で言われているが、私たちのやり方は、まさに本人を中心とし、その人らしい暮らしを支えるためのチームアプローチであり、大牟田における多職種連携の原点だと思っている。

1・5　バリアフリー住宅士養成講習会にいたった背景

ネットワークの大きな取り組みは「バリアフリー住宅士」の養成講習会である。バリアフリー住宅士とは、社会福祉の考え方や高齢者・障がい者の身体機能、住宅改修の整備手法など、一般

特別養護老人ホームにある多床室（４人部屋）

的な増改築との違いやバリアフリー住宅に関する内容について所定の講習を受け、要介護者の身体に合わせた改修工事やアドバイスなどを行うことのできる、福祉住環境に精通した建築関係実務者（大工さんなど）のことを言う。

この講習会の開催にいたった三つの社会的背景を紹介する。

一つ目は、超高齢社会を迎え、介護を必要とする人たちは今後ますます増加することが予想されていた。当時の大牟田消防本部の救急車の搬送記録などを分析してみると、身体機能の低下による高齢者の家庭内事故（転倒など）は年々増加傾向にあった。事故によって長期入院を強いられ、後遺症等を抱えて自宅へ帰ることになるが、住居内のいたるところに段差などのハードルがあり、動くことをあきらめ、廃用症候群から寝たきりになるケースが少なくないことが分かった。寝たきり等になると家族の負担は大きくなり、しだいに面倒を見ることが難しくなり、最終的には施設へ入所する（させられる）高齢者も少なくない。

高齢者が集まる出前講座で、「皆さんは自分の終末期をどこで迎えたいですか?」と尋ねると、ほとんどの人は「自宅」と答えられるが、なかには「施設へ入る！」という高齢男性が必ずいる。そんな人にかぎって、家では偉そうにしているのだろうと思ってしまう。そこで市内の特別養護老人ホームの４人部屋に寝かされている写真（前頁写真）を見せると、「やっぱり自宅がいい！」と言われる。私も収容所みたいな４人部屋は避けたいところだ。現に施設に入所しているほとんどの要介護者本人は自らの意思で入所したとは思えず、むしろ家族を含めた周囲の人たちによるものだと思った。在宅介護の大変さに加え、住環境に起因するさまざまな条件がこうした状況を生んでいる。本人が住み慣れた地域やわが家で住み続けられるためには、暮らしの基本である自宅（在宅環境）を安全で安心できる環境にすることも大切な視点の一つだった。

二つ目は、バリアフリー改修の実態にあった。前述したとおり、バリアフリー改修工事を行う場合、最初に工事依頼者の家族と施工業者によって改修内容の打ち合わせを行うが、施工業者は過去の経験や改修マニュアル等を参考にして、手すりの設置場所や段差解消などの改修内容を確認して工事を行う。ところが、この打ち合わせで大きな過ちを犯してしまっていたのである。実際に利用する本人が打ち合わせに同席せず、本人不在のなか、マニュアルを鵜呑みにした工事が行われ、役に立たない改修工事になる。たとえば、手すりを掴むことのできないリウマチ患者にとって、手すりの形状や設置位置は大切な要素だが、改修マニュアルを信じてしまい、掴むことのできない人たちにとってまったく利用できない改修があった。つまり、改修マニュアルが必ず正解とはかぎらないことを伝える必要があった。バリアフリー改修のあるべき姿は、本人の体型や身体機能を確認し、可能なかぎり本人同席のもと本人の意向に寄り添い、その人にあった住宅改修の目的性を明確にしておくことが求められた。

三つ目は、２０００（H12）年に導入された介護保険制度である。新たな高齢者福祉制度として導入された介護保険制度で、住宅改修がサービスメニューの一つとして位置づけられた。この介護保険サービスが適正に、かつ適切に給付される必要があった。加えて、この住宅改修を通して、手すり一本の必要性を考えることで、在宅高齢者における住宅改修の意義やその本質を正しく理解してもらいたいと考えていた。

こうした状況を踏まえ、バリアフリー住宅士養成講習会のカリキュラムでは、改修マニュアルや技術指針を学ぶというものではなく、一人一人の技術者が、改修工事の依頼者に対して寄り添った工事ができるための実践的な講習会を目指した。参考までに講習会カリキュラムを掲載するが、高齢者・障がい者等の抱える問題や課題を理解し、身体状況に応じた設計条件の把握や適切な住宅改修の方法に加え、地域の医療・保健・福祉関係者等との連携の取り方などを、講義や実習を通して身体で習得してもらうよう組み立てている（表1・1）。

表1･1　第6回バリアフリー住宅士養成講習会の研修カリキュラム

研修科目	講習時間(h)	担当者
① 開講式、オリエンテーション、社会福祉の考え方		〈チーフ〉畑田
開講式、オリエンテーション	0.5	北岡、畑田、湯汲
大牟田市における高齢社会の現状	0.5	畑田（市建築住宅課）
ノーマライゼーションの視点	1.0	大場（大牟田市障害者協議会）
② リハビリテーションと自立支援		〈チーフ〉山田
リハビリテーションとは	1.0	山田（リハビリテーション医師）
自立支援と介護のあり方	1.0	林（介護支援専門員連絡協議会）
③ 福祉施設の活用		〈チーフ〉渕上
福祉用具とは（福祉用具の種類と具体的な活用方法）	1.0	福祉用具メーカー ㈱西日本医療センター）
車椅子体験と福祉用具を使ってみる［2班編成交代］	3.0	福祉用具（メーカー、TOTOほか）、 渕上（車椅子）（リハ病院PT）
生活機能障害（ICF）～残存機能をどう機能させるか	1.0	堀（老人保健施設OT）
④ 高齢者疾病と身体機能の特性		〈チーフ〉渕上
加齢に伴う高齢者のかかりやすい疾病と傷害 （脳血管障害、骨関節疾病、糖尿病、認知症、廃用症候群など） 高齢者の身体機能と住環境整備場の留意点	2.0	渕上（リハビリテーション病院PT）
⑤ 障害者の疾病と身体機能の特性		〈チーフ〉高田
障害者の身体的特性と住環境整備の重要性 （肢体、精神、知的、内部、視覚、言語聴覚障害ほか）	0.75	木下（障害支援センター相談員）
障害当事者およびその家族による話 （知的障害、身体障害、内部障害など）	1.25	増田（知的障害者相談員）、 高田（オストメイト当事者）、 有松（身体障害当事者）
⑥ 大牟田市における住宅改修補助制度		〈チーフ〉徳永
介護保険制度の改正ポイント （地域密着型サービスの創設など）	1.0	徳永（市長寿社会推進課）
介護保険制度における住宅改修の手続き （受領委任払いについて、申請書の書き方等）	1.0	深町（市介護保険課）
⑦ 福祉住環境整備における基本共通事項		〈チーフ〉牧嶋
介護保険制度における住宅改修の給付対象工事	1.0	牧嶋（市建築住宅課）
手すり設置の基本的考え方／その①、②	1.0	北岡、入家 （建築士会、福祉住環境研究会）
⑧ 福祉住環境整備の方法と住宅改修補助制度（講習含む）		〈チーフ〉三浦
福祉住環境整備の改修方法	1.0	宮原（建築士会、福祉住環境研究会）
場所別・個別別の改修方法 アプローチおよび外構計画、玄関、廊下、階段、トイレ、洗面脱衣室、浴室、キッチン、寝室、インテリア（家具）ほか	1.0	三浦（市建築住宅課）
改造プランニング（間取りの描き方）と見積もり作成方法	3.0	衛藤（建築業協同組合）、牧嶋、畑田、原田
⑨ 演習問題〈例題①〉具体的な事例を通した演習課題		〈チーフ〉衛藤
演習課題〈例題②、（グループディスカッションを含む）〉	2.0	衛藤、入家、畑田、原田
⑩ 具体的な事例を通した演習問題		〈チーフ〉畑田
A. 演習問題〈問題①〉、寸劇による問題提出（実戦感覚を習得）＆ヒアリング B.（ヒアリング以外の人）→福祉住環境コーディネーター（3級）試験問題に挑戦！	2.5	平川、中森、三浦、沖中、徳永、畑田、入家、原田〔今福〕 （おおむた女性会議21、社会就労センター）
⑪ 具体的な事例を通した演習問題		〈チーフ〉畑田
演習問題〈寸劇による問題提出の回答発表および意見交換〉 ※宿題形式にし、受講生数名に改修計画案を発表してもらう	2.5	平川（おおむた女性会議21）、中森、三浦、沖中、徳永（社会就労センター）、畑田、入家、〔今福〕
⑫ 閉講式（修了書交付など）		〈チーフ〉永松
修了書交付、「おおむたバリアフリー住宅士連絡協議会」オリエンテーション（三浦）、懇親会（19：30 ～ 21：00）	1.0	北岡、平川、湯汲、三浦、〔中島〕ほか
合計（講習時間数）	30.0	開講式、閉講式を含む

1・6　バリアフリー住宅士養成講習会の特徴

講習会の準備は整い、第1回目の開催案内を市の広報誌とチラシでお知らせした。定員は先着順40名としたものの、どれくらいの応募があるのか不安な日々を送った。申し込み当日、いつものように出勤すると、すでに作業服姿の大工さんたちが窓口に並んでいた。その光景に驚くと同時に、急いで整理券を作り、順次申込受付を開始したことを記憶している。応募した人たちはチラシにカリキュラムを記載していたため、講習時間が延べ30時間であることは知っていたかもしれないが、まさか10分以上の遅刻は入室禁止などといった厳しい掟があることを、この時点で知る由もない。最初のオリエンテーションでそのことを知らせ、「できないようであれば、お帰りください！」とはっきり申し上げげた。さすがにその場で辞退する人はいなかったが、この章の終わりに、受講生の感想文を原文のまま掲載するので、応募当時と修了時の受講者の心境の変化を読んでいただきたい。

講師陣は地元のスペシャリストたち

講習会の講師や寸劇の役者は、原則としてこの講習会を主催するネットワークのメンバー（福祉や建築の専門職、行政職員など）とメンバーが紹介する人が担当することにした。受講料が無

福祉関係者の話を聞き入る受講生

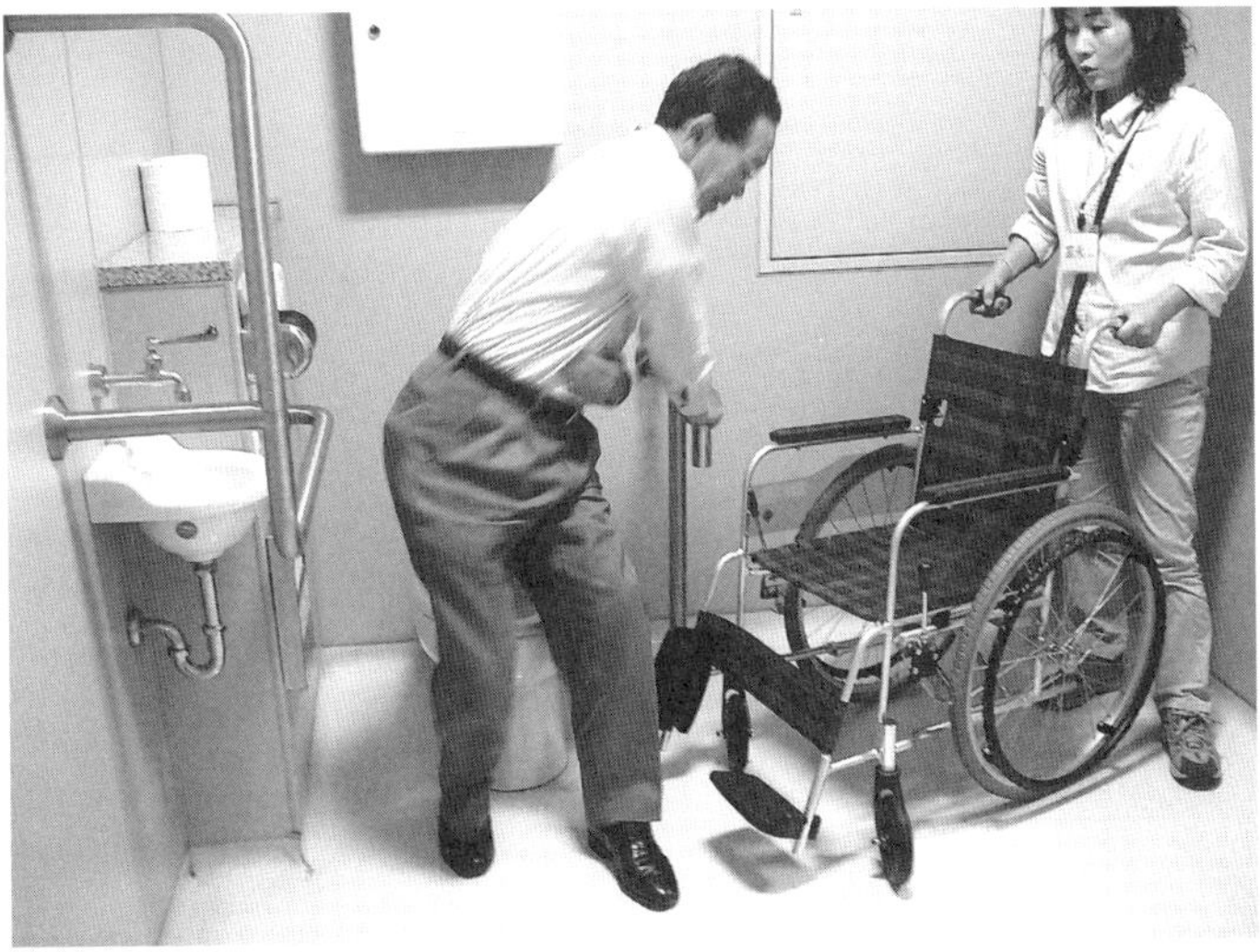

身障者用トイレで車いす移動を経験する受講生

料ということに加え、この分野のプロを招聘するには経費がなかったこともある。しかしながら、それ以前に素晴らしい人財がこの大牟田にいたことが大きな理由の一つに上げられる。講師陣メンバーの職種は、ケアマネや医師、障がい当事者、女性団体、PT、OT、建築士、建設業組合、行政など多岐にわたっている。障がい当事者にはこれまでの体験談などを話してもらった。講習会のときは講師と受講者という関係だが、講習会終了後は同じ目線で、同じ仲間として市民の暮らしを支えていける多職種のネットワークを構築したかったからである。

進化するカリキュラム！　講義内容を受講生が評価する！　講師陣も評価される

毎回の講義が終了すると、講義内容を理解しているかどうかを確認するため、アンケートを提出してもらうことにした。このアンケートでは講義全体を通した感想のほかに、各講義における講師の話し方や内容の理解度など5項目について、受講生から評価してもらうこととした。これは、講師という立場におごることなく、常に受講者の立場に立ち、受講者の目線で分かりやすく説明しているか確認するためのものである。

厳しい掟！　10分遅刻は入室禁止。「講義」の延べ時間は30時間

1回に開催する講習会の定員は最大40名としている。講義はほぼ1カ月間にわたり12回連続で

行われる。受講者にとって一番大変なのは、1回の欠席も許されないことだった。加えて10分の遅刻は入室禁止となり受講ができなくなるため、その講義の単位が取得できない。つまり「バリアフリー住宅士」として認定されないのである。

非常に厳しいルールと思われるかもしれないが、介護保険制度を利用した住宅改修工事では、ケアマネジャーという始めて付き合う職種の人たちが介在することを想定している。つまり、講習会終了後、大工さんたちにとって新たな市場の拡大という意味から、そうした人たちから信頼を勝ち取っていって欲しいという願いからである。「時間にルーズな人は、仕事もルーズになりがち！」という考えから、この厳しい掟を設けたのである。

参加型（実践重視）の講義形式——寸劇によるロールプレイ

講習会では、講師による一方的な講義形式をできるかぎり避け、講義の内容を身体や心で習得してもらうために、参加型（実践重視）の形式を取っている。介護保険による住宅改修では、被援護者にとって最適解を出さなくてはならない。マニュアルなどを頭で理解するのではなく、個々の身体状況に応じた適切な改修が必要と考えたからである。一人一人の暮らしが違うように住まいや住まい方もそれぞれ異なり、マニュアルみたいなものを頭に詰め込んでも、お仕着せの改修になってしまう。この講習会では、むしろ依頼する側（人）の立場に立ち、ヒアリング等を通して被援護者の身体状況と家族の人間関係を劇から読み取り、的確に判断して改修工事ができるスキルを身に着けてもらうことを目指した。

寸劇のために劇団を結成する

実践という意味では、講習会のカリキュラムにおいて直接相談者の家に訪問し、改修提案や工事などを行うことが理想だが、受講生全員で押しかけていくのは現実的ではない。そこでメンバーのなかから半ば強制的に劇団員を指名し、劇団を結成することとなった。名称は「いまふく劇団セピア」である。「いまふく」とは、メンバーである市役所の建築技師の名字に由来している。また彼が脚本を担当することになるが、住宅改修のことは少し理解していたが、介護や福祉のことはまったくのド素人である。福祉部局の職員や介護現場で従事している職員から現場で起こっていることを聞き取り、紆余曲折をへて脚本が完成する。

あらすじは、ラーメン屋を営む息子が足の不自由な父親と同居するために、自宅のバリアフリー改修を検討するという設定である。寸劇では家族構成や息子夫婦が住んでいる家の状況（平面図等）などが示されるが、劇中ではすべての条件を明かさない。劇が終わった後、事前に班編

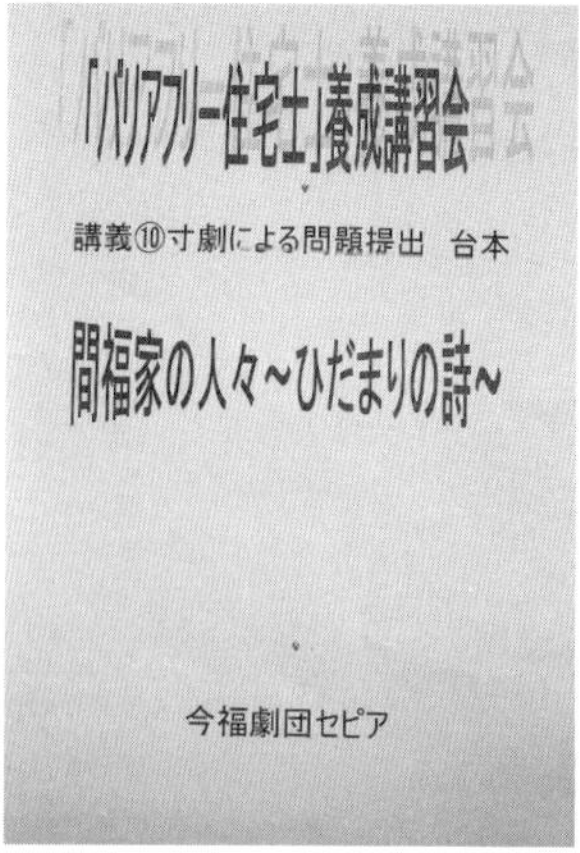
「バリアフリー住宅士」養成講習会

講義⑩寸劇による問題掲出　台本

間福家の人々～ひだまりの詩～

今福劇団セピア

養成講習会のワークショップのための寸劇の台本

ラーメン屋を営む夫婦と母を演じるスタッフ

多職種で構成されたチームで改修案を考える

成した受講者チームが別室に待機した役者のところへヒアリングに赴き、劇では読み取れない内容（家族間の人間関係を含む）や要望（改修にかけられる予算など）などを聞き取らなければならない。こうして得た情報をもとに班で話し合い、次回の講習会で提案書と見積書を作成し、各班でまとめた改修案を家族にプレゼンするといった実践に近い講義内容となっている。

受講者は建設関係者だけでなく医療・福祉関係者も参加

こんな厳しい講習会にもかかわらず、回を重ねるたびに受講申込者は増加し、定員オーバーによって申し込みができなかった方のなかには次回の予約を入れる人までいた。当初、受講者の要件を建設関係者という職種に限定していたことから、大工、建築関係の現場監督、設備業者、設計士など、実際の改修工事に関わる技術者で第1回目がスタートした。ところが、建設関係者以外から職種要件を拡大してくれとの要望があり、第2回目からは受講要件の職種を拡大し、不動産業者、便利屋、福祉用具販売業にまで広げた。さらに受講希望者は想定外の職種にまで広がりを見せ、ケアマネ、看護師、PT、OTなどの医療・福祉に関わる職種からも希望があり、職種要件はさらに拡大していった。改めてバリアフリーの関心の高さを感じた。だが、このバリアフリー住宅士養成講習会は、あくまでも建設技術者の人材育成を目的としていたため、医療・福祉に従事する職種の方には、一般聴講生という新たな枠を設けて受講してもらうこととした。こう

各班でまとめた改修案をプレゼンする

各チームの発表に聞きいる参加者

した関心の高さの背景には、介護保険制度が導入されて、高齢者福祉施策の舞台が「施設ケア」から「在宅ケア」に移行し始め、暮らしの基本である「住まい」について、多少なりとも関心を持つようになったことがあったと思う。

1・7 バリアフリーの推進から学んだもの

わが国のまちづくりは行政主導で進められてきたように思う。しかしながら、市民生活の多様化からさまざまな要因が絡み合い、行政主導のまちづくりを進めていくことが難しくなってきたように感じている。それに代わる市民参加によるまちづくりとして、「協働」という用語が出てきた。行政ではこの協働という用語を簡単に使うが、その実効性は乏しいように思えた。市民主体のまちづくりは、まず市民意識を変えることであり、市民と行政が一致団結してお互いがパートナーとしてまちづくりに主体的に関わることが求められた。しかしながら、簡単に実行できるものでないことも承知しており、行政でもその難しさに苦慮していたのである。協働と言われても市民も行政もどうやっていいのか分からない。目に見えるカタチで実践（可視化）することが必要だった。

今まで述べてきたようにこうした状況を打開し大牟田の地で市民参加型のまちづくりの第一歩

表1・2　バリアフリー住宅士養成講習会の経緯

開催年度	開催名称	修了者数	備　　考
2000年度	第1回バリアフリー住宅士養成講習会	修了者36名	
2001年度	第2回バリアフリー住宅士養成講習会	修了者37名	（※聴講生を除く）
	第3回バリアフリー住宅士養成講習会	修了者33名	（※聴講生を除く）
2002年度	第4回バリアフリー住宅士養成講習会	修了者27名	（※聴講生を除く）
	第5回バリアフリー住宅士養成講習会	修了者11名	（※聴講生を除く）
2003年度	第1回（ケアマネジャー向け）バリアフリー住宅改修講座	—	
2004年度	第2回（ケアマネジャー向け）バリアフリー住宅改修講座	—	
2005年度	第6回バリアフリー住宅士養成講習会	修了者17名	（※一般聴講生修了者21名）
2006年度	第1回（OT、PT向け）バリアフリー住宅改修講座	—	（※聴講生を除く）

を踏み出そうと、「大牟田住まい・まちづくりネットワーク」を組織し、バリアフリーの推進をテーマに大牟田独自の市民参加型の協働のまちづくりに取り組んだ。

２０００（H12）〜０５（H17）年度にかけて、計６回の「バリアフリー住宅士養成講習会」を開催することができ、修了生は１６１名に達した。また０３（H15）〜０４（H16）年度、０６（H18）年度には、医療・福祉関係者（ケアマネジャー、ＯＴ、ＰＴ等）を対象に、「バリアフリー住宅士養成講習会」とは別に講習会を開催した（表１・２）。講習会の全講義を受講したものだけが晴れて「バリアフリー住宅士」という名称を名乗ることができる。「バリアフリー住宅士」は、市が認めた公的資格等といった類のものではない。受講した大工さんをはじめ福祉住環境の整備に関わる人たちの自信につながればという想いでつけた名称である。修了生のなかには、自分の名刺に「バリアフリー住宅士」という名称を記載している方もおられ感慨一入《ひとしお》だった。バリアフリー住宅士養成講習会は、一人でも多くの市民が「大牟田に住んで良かった！」と言える、そんな住まい・まちづくりを目指して取り組んできたのだ。

住宅改修は、さまざまな職種の方々と連携を図り、お互いの人間関係を通じて学び合うことが大切であることを改めて認識した。介護保険制度がスタートしてこれまでの間、さまざまな制度見直しが行われてきたが、一人一人の暮らしを支え、人の尊厳を大切にするといった同制度の理念は20年を迎えた今日でも制度の根幹として継続されていると思っている。２００６（H18）年から導入された地域密着型サービスも、「たとえ介護が必要になっても、認知症になっても、住み慣れた地域やわが家に住み続けたい」という本人の意思を尊重したサービスであり、講習会で輩出した１６１名の人材は、地域包括ケアを推進する一人として、そして共に大牟田のまちづくりを進めていく人材になってくれることを期待している。

1・8　2005（H17）年度バリアフリー化推進功労者表彰

ネットワークで取り組んだこの講習会は、高齢化が進展し要介護状態になっても、本人が願う在宅生活を継続するための環境整備における側面支援であり、ほんのわずかなお手伝いであり、目に見えないカタチに残らない「仕組み」である。また複雑多様化、そして高度化する市民ニーズに対応するための行政サービスのあり方に問題提起できたのではないかと思っている。

ネットワークが掲げた目的は市住宅部局の施策でもあり、①高齢社会における住まいづくりの実務（介護保険制度等の住宅改修等）に活かせる人材を養成する、②市民が安心して改修工事を依頼できる仕組みづくり、③安全で快適な暮らしの向上を図る、④低迷する地場工務店等の地域活性化を図るといった四つの目標はほぼ達成した。

こうした私たちの取り組みが雑誌や新聞などで取り上げられるようになり、大牟田の取り組みを内閣府が主催する「バリアフリー化推進功労者表彰」に応募してみてはと声をかけていただき軽い気持ちで応募した。たまたま運が良かったのだろう。内閣府特命担当大臣表彰を受賞することとなった。北岡委員長と東京に赴き、テレビでよく見る総理官邸で当時の総理大臣だった小泉純一郎氏の面前で立派な表彰状と盾をいただいた。受賞の喜びと共に協働を可視化できた瞬間だったと思っている。

表1·3　バリアフリー住宅士養成講習会参加者の感想（抜粋）

「バリアフリー住宅士」養成講習会を終えて

（※閉講式の日（2月28日）に提出してください）。

〈氏　名〉　M·Tさん

正直なところ、講習初日に「テキスト」をもらった後は、独学（暇なときに）……。講習は欠席……。という魂胆もありました。しかし、初日の大場市議（大牟田市障害者協議会）の静かな淡々とした口調のなかにも、障がい者やバリアフリーに対する熱い思いを感じ、また「ノーマライゼーション」という意味を教えてもらい、自分の考え方の軽率さを非常に反省しました。

以降、毎回の講義も、講師の皆さんやお手伝いをされている市役所スタッフの方々の一生懸命さ（おそらく手弁当で駆けつけておられるのでしょうが……）が伝わり、「愛」を感じる立派な内容でした。

私自身も住宅の設計や工事を中心に生計を立てている身ですので、住宅金融公庫等の仕様書や長寿社会対応住宅設計指針等でバリアフリーを理解しているつもりでしたが、まったく違う視点からの講習であり、非常にためになりました。

とくに感じたことは、①自分自身が将来、「介護される側」や「する側」になったとしても、現実を直視でき、明るく対応できるのではないか。②自分の無知によって、障がい者に心のバリアを張ってはいけない。③全市民、いや全国民がこういう講義を受ければ、すべての人に対して優しく接することができる素敵な世の中になるのではないか、ということです。現在48歳。残り数十年はあろう私の生き方に非常に参考になる有意義な講習でした。

最後に、今回の講習でいろいろお世話をいただいた市職員、講師の皆さま全員に感謝いたします。お疲れ様でした。弁当の手配や処分までしてもらって……、恐縮です。いままで抱いていた市職員の方に対する「ある気持ち」が、「目から鱗」的に一変しました。ありがとうございました。

PS）全体の講習の印象としては、テーマは「愛」かなぁと思いました。次回からの講習会のサブタイトルは、「all you need is LOVE」なんて、どうですか？

第2章　市営住宅を使い尽くせ——団地を活用した地域の福祉拠点づくり

ここでは、2004（H16）年から着手した市営住宅建替事業において、初めて住宅部局と福祉部局が連携した事例について紹介する。この団地は、時間の経過とともに高齢化が進展し、個々の生活上の問題に加え、団地内コミュニティや地域力の低下など建物の更新とともに、さまざまな問題をかかえていた。この団地の建替では、高齢者等の社会参加や高齢期の住まいのあり方を視野に入れ、高齢者等に配慮したバリアフリーの建物整備に加え、地域全体を包括した住環境の改善を図り、健康で活力ある団地再生を目指した。そのため福祉部局との連携により、地域（団地内）コミュニティの再生をはじめ、地域居住者の多様な生活支援ニーズに対応できるネットワークの拠点施設として福祉施設を併設した。その団地整備のプロセスについて紹介する。

2・1　市営住宅の建替とコミュニティ再生——新地東ひまわり団地での取り組み

新地地区市営住宅は市内中心部に位置し、周辺は住宅街となっており、徒歩数分圏内にスーパー、コンビニ、その他物販店舗等が存在する。市内の他の市営住宅と比べると、道路は整備されており公共交通機関も至近にあることから日常生活の利便性は高い地域である（図2・1）。

当該用地は、1954（S29）年（竣工／1955年5月）から42年にかけて建設された住宅で、公営住宅124戸、改良住宅240戸が混在する計364戸の市営住宅である。建物は古い

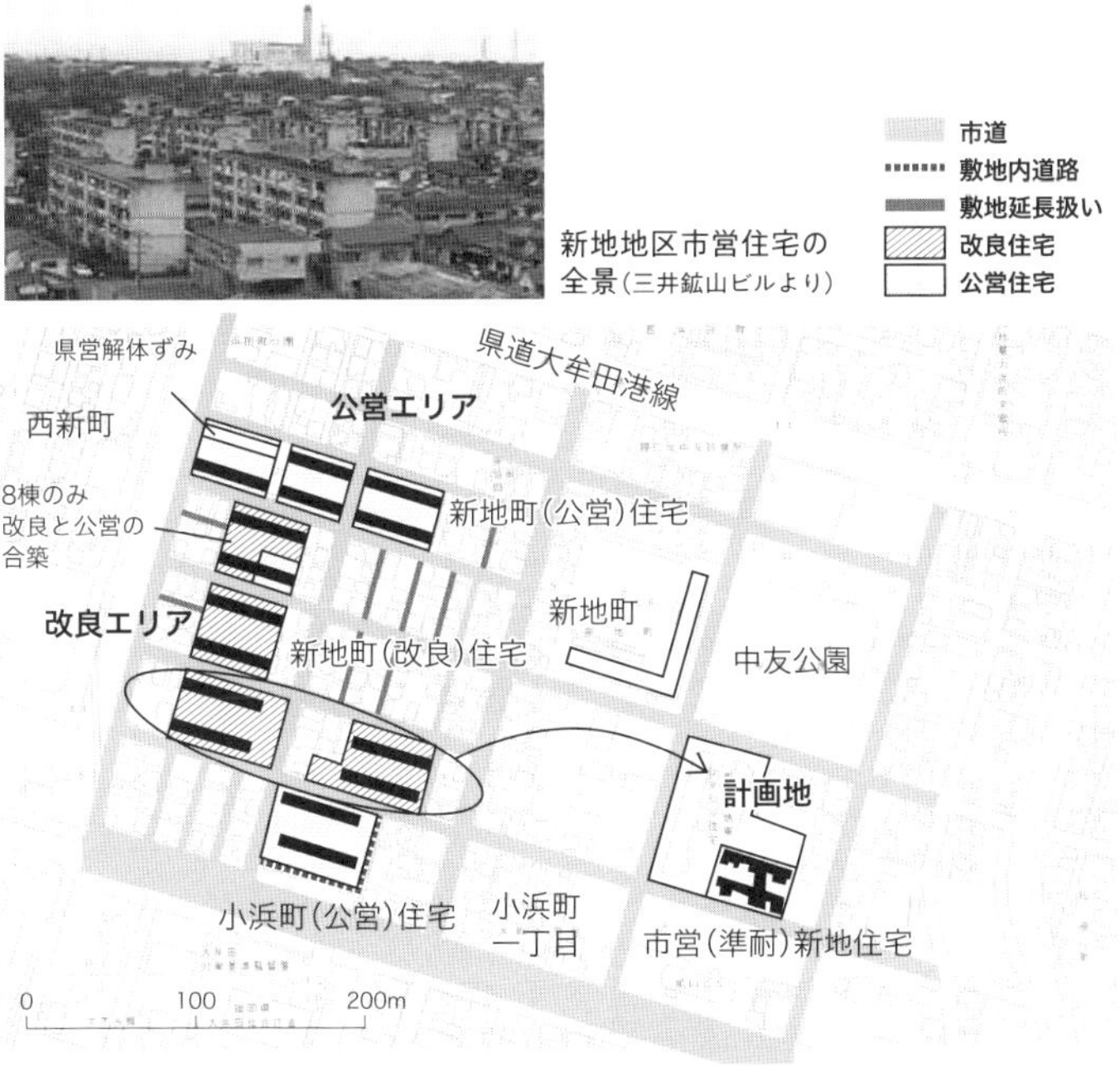

図2・1　新地（小浜）建替対象団地（ベース地図出典：おおむた地図ナビ）

ものを築後およそ50年が経過しており、住戸は狭小な2Kの間取りが中心で床面積は30平方メートル強である。住戸には浴室がなく水回りを中心に一般的な居住水準と比較しても低劣な住環境であった。また躯体（鉄筋コンクリート）の老朽化が著しく脆弱であることに加え、ベランダに浴室を増築していたり、団地内通路等にも違法駐車が見られ、火災時の消火活動等にも問題があった。入居者の高齢化率は48・3％であり、当時の市の平均的高齢化率27・8％をはるかに超える高齢化が進

建替前の新地東ひまわり団地の住環境

ベランダへの浴室の増築、違法駐車なども目立っていた

んだ団地だった。また、世帯状況は、高齢者世帯が65%、うち高齢者単身世帯が43・6%と単身高齢者世帯の割合が非常に高く、さらに高齢者のみで構成される世帯と合わせると50・8%と過半数を超える状況だった。さらに生活困窮世帯は全世帯のおよそ80%を占め、このうちの$\frac{1}{2}$が生活保護世帯だった。

このような状況のなか、当該団地では家賃滞納をはじめ、住民間のトラブルや警察沙汰になる事件、ゴミの不法投棄や朽ち果てた車が放置されるなど、団地内コミュニティの欠如によるさまざまなトラブルを抱えていた。子どもたちが巣立ち、親世代だけが残され、さまざまな問題を抱える団地だが、集会所のなかに入ってみると、数十年前に校区や地域行事等で勝ち取った表彰状が数多く飾られており、かつては、活気のある団地だったことが伺えた。

団地の建替が決まったとき、東京で開催された住環境整備の担当者研修会に参加した職員から、私たちが考えているような団地があるとの情報を得て視察に行くことにした。市営住宅をつくる担当と管理する担当から希望者を募ると4人のメンバーが手を挙げてきたが、予算は2人分を確保するのがやっとだった。だがこの団地は、まさに私たちがイメージしていた団地再生のあり方であったため、何とか全員で見られるようにと考えた挙句、(大きな声で言えないが) 出張旅費2人分をプールし、4人分の旅費の不足分を各自自腹で負担することとした。つまり2人は公務出張、残りの2人は有給休暇を取って参加することとした。

視察先は、和歌山県御坊市にある御坊島団地である。この団地では、周辺の住環境の改善に加え、住民の生活意欲の回復と再生を目的に建替が行われた。私自身、市役所時代のほとんどを市営住宅の整備事業に携わってきたが、当時は「デザインをどうするか」とか「使い勝手はどうだろうか」などといったことばかり考え、どのような入居者がそこでどんな生活するのかなど、一切考えてこなかった。しかしながら、前述したバリアフリーの推進に取り組んできたこともあり、しだいに入居者の生活や集まって暮らすことの意味などを考えるようになり、低所得者を対象とする市営住宅の住まいづくりのあり方を、入居者目線で考えるようになった。こうして、新地団地の建替にあたっては、これまでの行政による一方的なハコづくりではなく、現入居者の意見を踏まえた団地にしようと考えた。つまり、市営住宅という生活するハコだけ綺麗になるのではなく、再入居する人たちにとって、「集まって暮らす」という意味を再考してもらおうと考えたのである。

団地の建替で最初に取り組んだのが、ハードに対する意向ではなく、入居者の生活状況や新しい団地に期待したいことなど、入居者の生活にフォーカスしたアンケート調査である。入居者の意識調査を全戸に配布し、回収率は81・7％であった。地域とのつながりについて知るために、近所付き合いの状況について尋ねたところ、「挨拶程度」と答えた人が69・5％と最も高く、自治会組織の活動や団地内コミュニティが希薄になっていることが分かった。また、団地内・校区内に友達がいないと答えた人が41・1％あり、身近なところに支え合う知人がおらず、高齢化がさらに進展してくると日常生活にも支障をきたすことが予想された。現にこの意識調査では「緊急通報システム」や「近隣住民の助け合い」を希望する意見が多く出され、高齢化による生活上の不安解消と住民同士の支え合いの仕組みが求められていた。

こうしてみると、市営住宅というところは、福祉ニーズが散在しており、まさに福祉の宝庫みたいなものであった。高齢化が進むこれからの市営住宅は、住宅施策だけで解決できる時代ではなく、福祉と住宅が重層的に関係し入居者が豊かに暮らし続けることのできる仕組みが必要だと改めて感じたのだ。このような状況を踏まえ、今回の建替事業は単なる建物の更新ではなく、高齢者等の社会参加や高齢期の住まいのあり方を重点課題の一つに位置づけ、高齢者に配慮したバリアフリー化はもとより、入居者および地域のコミュニティ再生を目的とした地域共生社会の団地再生に着手したのである。

2・2　福祉施設ではなく、「コンビニでいいのだ」への反証

２００２（H14）年、国交省の整備方針に大規模公営住宅団地（１００戸以上）の建替時における社会福祉施設等の併設が原則化された。当該住宅は公営住宅とは異なり、改良住宅の建替であったため、基本構想策定時にはそこまで厳しい設置義務はなかったが、前述したとおり、入居している高齢者の生活実態を考えると、むしろ社会福祉施設の併設が意味するものは、来るべき高齢社会に向けた住まいのあり方であり、積極的に進めていかなければならないと考えた。整備する社会福祉施設は、団地に入居する高齢者の生活支援の拠点であることに加え、地域づくりや福祉施策などの推進拠点として位置づけ、課の方針として設置することとした。

しかしながら、今回の団地の建替で社会福祉施設を併設して、高齢者の生活支援拠点をつくると意気込んだのはいいが、具体の進め方が分からない。高齢者福祉のことを勉強しようと思い、

福祉部局を訪ねていった。２０００（H12）年に介護保険制度が始まったということと、バリアフリー住宅改修のことは知っているが、介護保険制度の内容や介護サービスの話など具体の内容を介護の世界の専門用語で話され、技術屋の私たちにはなかなか理解できなかった。ここで、この社会福祉施設の併設は住宅部局だけではできないことを認識した私たちは、福祉部局に協力を求め、連携して整備を進めることとなった。この背景には、社会福祉施設の整備が高齢者福祉部局の施策と合致することに加え、これまでの仕事やプライベートの時間を共有することでさまざまなご縁があり、庁内にたくさんの知人がいたことによる。こうして何回かの合同勉強会をへて、建替の趣旨を理解していただき、住宅部局（建築住宅課）と福祉部局（当時：保健福祉総務課）による団地建替のための合同事務局を立ち上げることに成功した。

さらに庁内のハードルは続く。建替事業を進めていくには、庁内のさまざまな会議や議会で理解を得ることが必須要件となる。市長を筆頭とした部長クラスの幹部会議で、当該団地の建替について説明をすることになるが、当時、県内でもほとんど事例のない市営住宅への福祉施設の併設はその必要性について厳しい意見が出された。ある幹部からは、「福祉施設よりコンビニでいいじゃないか……。なぜ福祉施設なんだ！」という意見があったのを記憶している。小心者の私は緊張しながら、補助金をもらって建て替える団地であることから、国の整備基準に適合させる必要があるとの説明に加え、当該団地の入居者は高齢化し、近隣住民との関係性が希薄になっている団地のコミュニティ再生のための拠点として必要だと説明した。厳しい顔をする幹部もいれば、首を縦に振り、大きく頷いてくれる部長もいた。とくに保健福祉部長は今回の事業を進める合同事務局の所管部長でもあり、今回の事業内容に理解していただいた一人だった。この会議の数日後、机にばかり座って現場のことを知らない職員のなかには、なぜそんな無駄なことをするのかと平気で言ってくる職員もいれば、税金も払っていない世帯のためになぜそこまでやるのか?などと陰口を叩く職員もいた。

一方で、今回の事業に消極的に賛成してくれたある職員から、「併設するのは理解できるが、団地入居者のために施設をつくるのはどうかと思う」と助言をいただいた。団地入居者のための福祉施設の併設という考え方で整備すると、今後予定される団地のすべてに福祉施設をつくることになる。潤沢な財政状況であるなら話は別だが、本市の財政状況を勘案するときっと厳しい状況となり、建替事業は険しい道のりを進まなくてはならなくなる。目の前の困っている住民のことや自分の所管事業のことばかり考え、市全体のことを理解していなかったことをおおいに反省させられた。この助言を受け、今回整備する社会福祉施設は、入居者のためでもあるが、団地入居者はあくまでも地域住民の一員であることとして、地域のための拠点として位置づけ整備することを再確認したのである。

こうした経過を踏まえ、改めて市営住宅に併設する社会福祉施設の意味をみんなで共有し、地域住民と入居者が助け合い、安心していきいきと生活できるよう、地域全体のコミュニティ再生にも配慮した住環境を形成することを目的とし、地域の多様なニーズに対応できるネットワークの拠点を目指し整備することとした。こうして、庁内の一連の手続きをへて、予算が通過し、晴れて具体の建替事業に着手することとなる。

2・3　市営住宅に福祉施設を併設させる意味

ちょうどこの頃、当時の潮谷義子熊本県知事の肝いり事業で社会福祉施設を併設した熊本県営健軍団地が完成を迎えるとの情報を得て、さっそく知人を通して見学に行くこととした。健軍団地は熊本市の南東部に位置し、熊本市内を走る路面電車の終着地点である。電停を降り健軍商店街を抜けると、そこには、デザインされた9階建ての建物が建ち、ユニバーサルデザインによる50戸の県営住宅に加え、通りに面した1階には、高齢者を対象としたデイサービスと子育て支援スペースと厨房を兼ね備えたカフェのある福祉施設が併設されていた。福祉施設は床面積1千平方メートルを確保しており、整備費は億を超えるとのことだった。さすが知事の肝いり事業である。

県営住宅というハコは住宅部局によって立派に整備されていたが、福祉施設の運営事業者はこれから決めることになっていた。一方、本市では福祉施設を併設した団地を整備することは決定

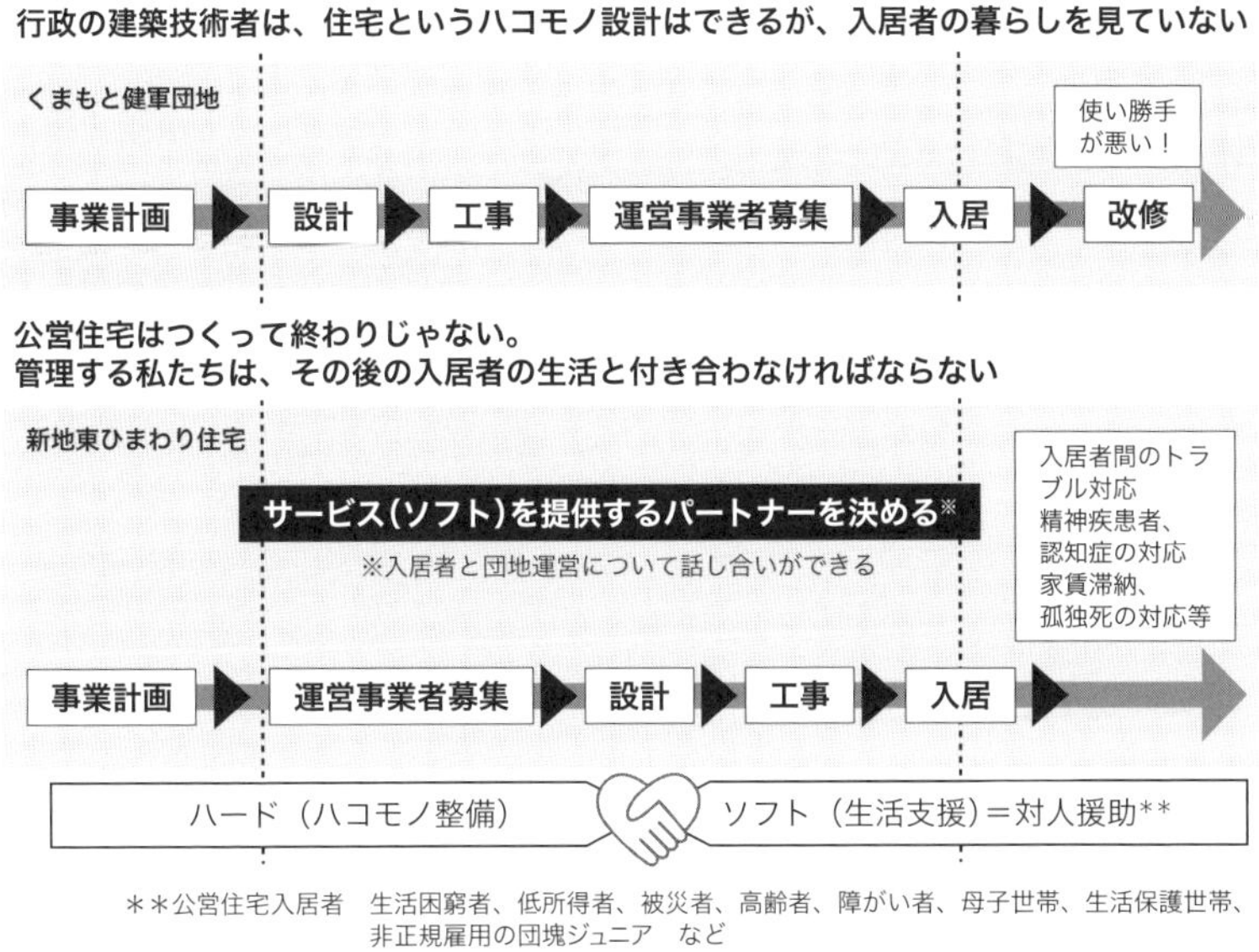
行政の建築技術者は、住宅というハコモノ設計はできるが、入居者の暮らしを見ていない
くまもと健軍団地
使い勝手が悪い!
事業計画
設計
工事
運営事業者募集
入居
改修
公営住宅はつくって終わりじゃない。
管理する私たちは、その後の入居者の生活と付き合わなければならない
新地東ひまわり住宅
サービス(ソフト)を提供するパートナーを決める※
※入居者と団地運営について話し合いができる
入居者間のトラブル対応
精神疾患者、
認知症の対応
家賃滞納、
孤独死の対応等
事業計画
運営事業者募集
設計
工事
入居
ハード(ハコモノ整備)
ソフト(生活支援)=対人援助**
**公営住宅入居者　生活困窮者、低所得者、被災者、高齢者、障がい者、母子世帯、生活保護世帯、非正規雇用の団塊ジュニア　など

図 2・2　大牟田市における公営住宅(&福祉施設併設型)建替のプロセス

していたが、基本設計等はこれから進める予定であり、まったくの白紙状態だった。通常の建替整備では、健軍団地のようなやり方が一般的な手法であるが、私は何となく「違う!」と感じていた。それは、バリアフリーの取り組みの経験がそうさせたのだろうと思っている。たとえば、手すりをつける際に実際に使う人のことを聞かず、マニュアルなどで取り付け位置が決まっているからつけたと施工者は言うが、身長もADLも個々人で違うはずなのに、そのことをまったく把握せずして手すりをつけ、使いものにならないということを経験していた。バリアフリー改修の本質はその人にどう寄り

添えるかである。

また、公共事業でも同様に、○○センターなどといった公共施設をつくることになると、その施設を管理する所管課の要望を聞き、センターを利用する人のイメージや顔が見えないなか、行政の建築技術者がコンサルタントと協議しながら設計を進めていく。この時点で運営のことまで把握せず設計するため、建物が完成してから数々の運営上の問題点が出てくることがある。最悪の状況は、完成後、数年も経たないうちに改修工事を余儀なくされる場合もある。案の定、県営健軍団地では運営事業者が決定後、与えられた器で数年間、介護サービスを提供されていたが、運営事業者が数千万円かけて改修し、小規模多機能型居宅介護サービスの提供施設に変わっていた。

こうした経緯を踏まえ、大牟田での社会福祉施設等の整備にあたっては、行政から与えられた器で福祉サービス事業を運営するのではなく、この地域の社会福祉施設に何が求められているのか、利用する側の立場に立ち、同じ目線で、共に考えることが重要だと考え、基本計画の段階で事業者を公募し、真っ白なキャンバスの状態から参画してもらうこととした。前述した健軍団地とは真逆のやり方である（図2・2）。

今回整備する住宅と社会福祉施設は、入居する住民が主役であり、社会福祉施設は利用者が主役である。とくに社会福祉施設では、「器をつくったからどうぞ好きに使ってください」ではなく、運営する事業者が、地理的な条件などを考慮し、そこでどのような社会福祉事業がやりたいのか、あるいはどんな福祉サービスができるのかを考えてもらい、それに見合ったサービスができるようなハコ整備が必要だと考えた。さらに今回の建替事業で入居者の意識改革と団地再生に共に取り組んでいただけるパートナーとして、事業者を選定することにした。

暗中模索のなか最初に行ったのは、市営住宅に設置する社会福祉施設等ではどのような福祉サービスが考えられるか、市内の福祉事業者を対象にしたアンケート調査である。福祉事業者からは介護保険制度である高齢者サービスや障がい者や子育てサービスなど多岐にわたる意見をいただき、数カ月後、高齢者生活支援および子育て支援サービスを基本要件とした社会福祉施設の運営事業者を選定するための募集要項を作成し、プロポーザル方式による募集を開始した。整備にあたっては、スケルトンインフィル方式（建物のスケルトン（柱・梁・床等の構造躯体）とインフィル（住戸内の内装・設備等）とを分離した工法）とした。行政は建物の骨組みまでを整備するが、間仕切りや内装、各種設備関係については運営事業者の負担となるため、選定後に数千万円の整備費が必要になる。アンケートでは「やってみたい」という意見はあったものの、こうした事情もあり、はたして応募があるのだろうかと心配ばかりしていたことを記憶している。

蓋を開けてみると、5社から応募があった。医療法人、社会福祉法人、株式会社、NPO法人など、すでに市内で高齢者や障がい者にサービスを提供している事業者だった。1次審査で書類審査を合格したすべての事業者は2次審査へ進み、この2次審査で行われる持ち時間10分弱のプレゼンテーションにすべてをかけることになった。こうして5事業所からの応募のなかから「社会福祉法人それいゆ（理事長：緒方盛道氏）」がパートナーとして選定された。庁内の決裁をへて、選定通知書はその年の12月24日となった。選定された社会福祉法人それいゆの担当者には、素敵なクリスマスプレゼントになったのではないだろうか。

今回の白紙状態での事業者選定やスケルトンインフィル方式、プレゼンテーションによる選定手法など、すべてにおいて大牟田市では初めての取り組みである。社会福祉施設の整備においては、市民に一番近い場所で福祉サービスを提供し、専門性を持っている市民生活を理解している事業者がさまざまなノウハウを活かし、効率的・効果的に運営する第一歩がスタートした。行政中心にモノゴトを考えるのではなく、地域住民や入居者が求めている福祉サービスに的確に応えるため、制度化された公的サービスだけでなく、民間事業者による柔軟な発想による新たなサービス展開を期待してこのような手法を取った。行政サービスは決して行政が直接行うものばかりではない。民間が行ったほうがいいものは、積極的に導入すべきである。

近年、人口減少下にあるさまざまな自治体では正規職員が減少し、嘱託職員や会計年度任用職員が増えているのではないだろうか。そうしたなか、あらゆる部署で「職員が足りない」や「業務量が多すぎる」「新しい仕事を持ってこないでくれ」などと不平不満をこぼしている職員も少なからずいる。しかしながら、不平不満を言っているだけでは何の解決にもならない。時代が変化していることを肌で感じ、行動に移す勇気が必要になってくる。新しいことに取り組もうとすると、必ず行く手の先にさまざまなハードルとバリアが現れてくるが、行政サービスの受益者である市民生活を間近で見てきたからこそ勇気が湧いてくる。今でも市民目線による取り組みは間違っていないと思っている。財政的に厳しい自治体の職員は、これまでの自分の経験や価値観を見直し、次世代のためにさらに一歩踏み込んで新しいことにチャレンジすることも必要かもしれない。

2・4　入居者のコミュニティ再構築を始める

こうして5事業所の応募者のなかから選定され、コミュニティ再構築のパートナーとなった社会福祉法人それいゆは、市と共に計画段階から参画することとなり、入居者のコミュニティ再構築を目的にさまざまな場面で関わってもらうことになる。また入居者のコミュニティ再生事業を目的とした「新地まちづくり会」を組織し、その企画運営を市内にある有明工業高等専門学校建築学科北岡研究室（北岡敏郎教授）に委託した。さらにこの地域で古くから地域に根ざして医療を提供している医療法人親仁会中友診療所には、医療の側面から積極的に支援していただいた。

福祉施設の運営事業者、有明高専、医療、行政（住宅部局、福祉部局）の四つの関係団体によ

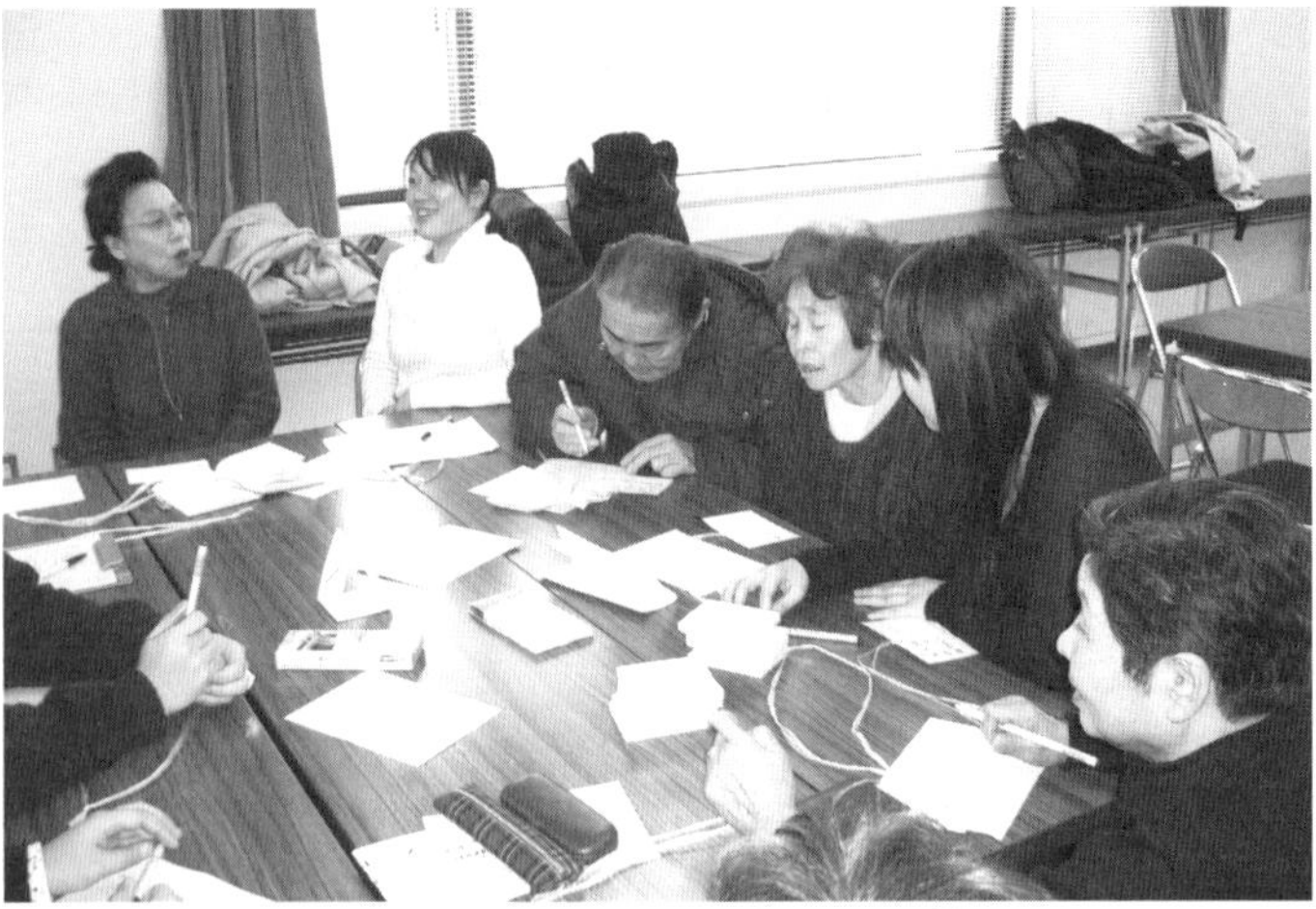

学生たちと思い出話をしながら、フセン紙に書いている様子

入居者によるワークショップ（テーマ：入居時から現在までをふりかえる）

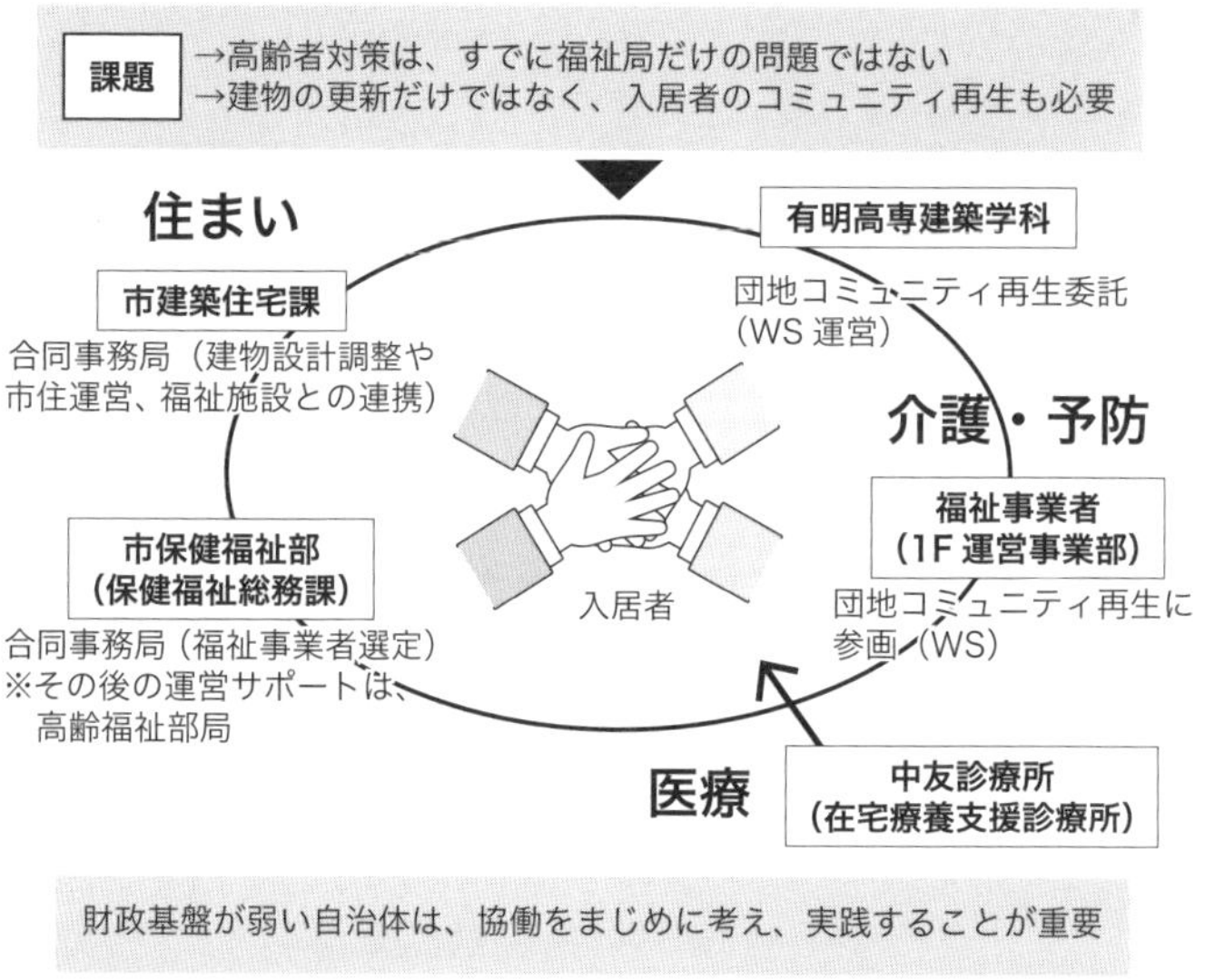

図 2･3　住まいと医療･介護･自治体の横のつながりを構築

るサポートチームの編成が終わり、入居者が主体となった団地づくりが始まった（図2･3）。まちづくり会では、自治会役員の参加を中心にワークショップを定期的に開催するとともに、健康ウォークラリーや餅つき大会などを実施してきた。ワークショップのファシリテーター役は、有明高専建築学科北岡研究室に担ってもらう。また健康ウォークラリーでは、参加者の安全確認のために事前にコースを市役所職員が下調べし、当日の出発前にはそれいゆの職員が血圧などのバイタルチェックをする等、それぞれが役割を担い、入居者の自助、互助の向上を図っていった。さらに研究室の学生には、工事の進捗状況やワークショップで行った内容を「新地まちづくりニュー

第1回新地まちづくり会のご案内

大牟田市役所建築住宅課
有明工業高等専門学校　北岡研究室

新地まちづくり会は新地地区市営住宅第一期住宅入居予定者の９棟～１２棟の方を対象に『こんな団地にしたいなぁ』『皆で仲良く助け合って住みたいなぁ』と、一緒に考えていこうという会です。この会は、何かを決めるということではなく、住む人達が主人公となって育ててゆく、そういう団地を目指そうというものです。とにかく皆で集まってワイワイ、ガヤガヤと団地の「夢」を一緒に育てていきましょう。
参加はもちろん自由ですが、こんな団地にしたいなぁと思われる方に大勢集まっていただけたらと思います。今後は“ぜんざい会”等も企画しようかと考えています。

第1回新地まちづくり会
テーマ：「新地団地の歴史・思い出」

期日：平成17年2月1日(火)
時間：午後2時～4時
場所：大牟田土木事務所2階　大会議室

第１回新地まちづくり会のご案内

ス」と称して入居者にお知らせし、一人でも多くの入居者が参加しやすい環境づくりをしていった。

こうしてコミュニティ再生の支援が始まり、ハードとソフト事業が軌道に乗り、第１期工事の着手が決まったときに保健福祉部局への異動となる。団地の完成と入居者のコミュニティ再生事業を担当として最後まで見届けることができなかったが、その後建物の更新と福祉施設の整備は順調に進み、２００４（H16）年度から着手した社会福祉施設「ふらねコパン」を併設した１２０戸の市営住宅は、４年の歳月をへて２００７（H19）年に完成した。同年８月までに移転が完了し、９月から新しい団地がスタートした。しかし、入居者の意識変革ができたと言うにはほど遠かったことを、５年後に建築住宅課に戻ったときに知ることになる。

2・5　入居者の意識変革に再チャレンジ

新地東ひまわり団地の平面計画では、１階の住居エリアと社会福祉法人それいゆが運営する福

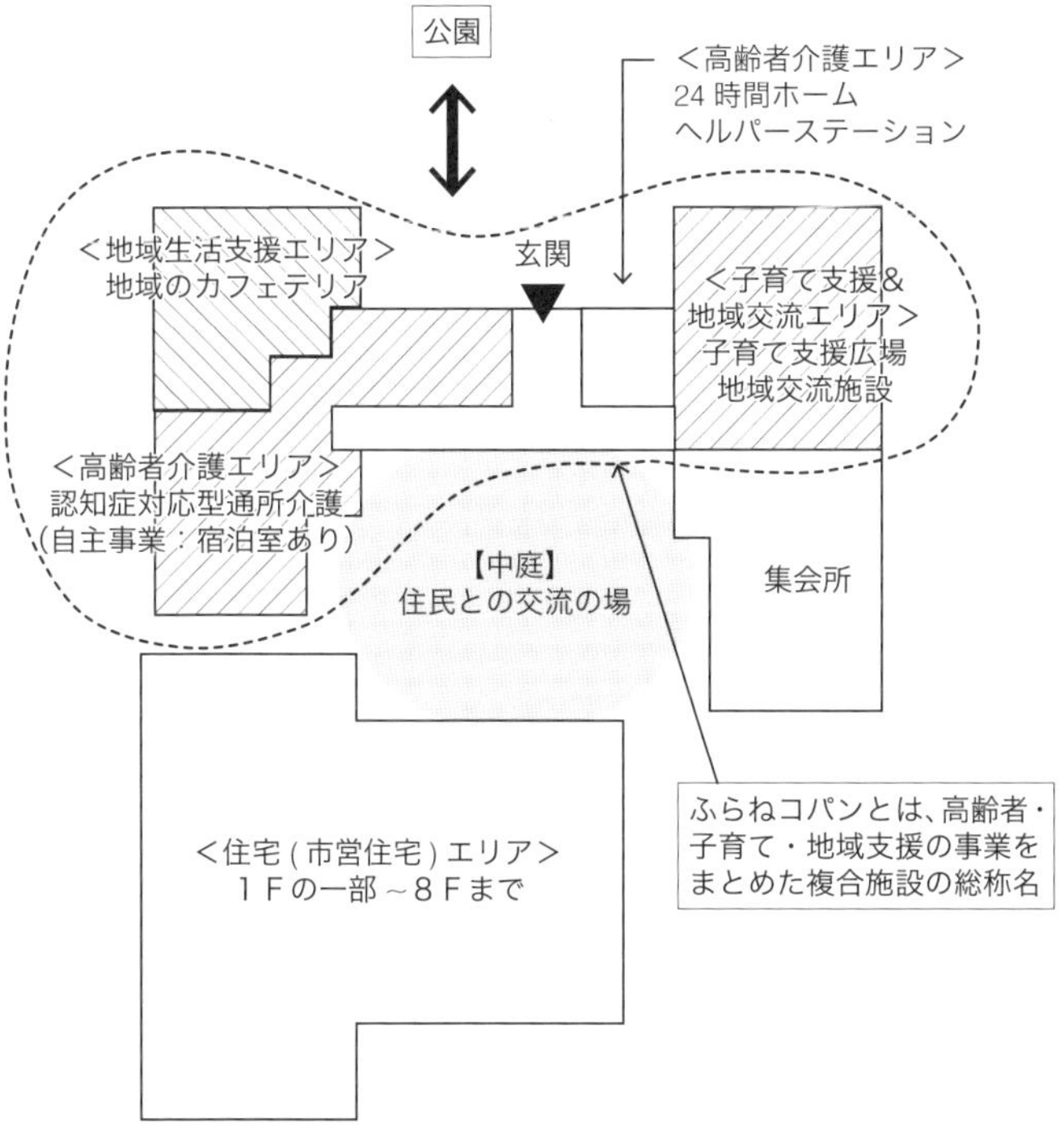

図 2・4　新地東ひまわり団地１階福祉施設部分の見取り図

祉施設ふらねコパンエリアの中間領域にあたる中庭をコミュニティスペースとして整備した（図２・４）。この中庭では、ふらねコパンがさまざまなイベントを企画し、入居者と地域を巻き込んだ数々の催し物が行われていることと思っていた。ところが、２０１１（H23）年に古巣の建築住宅課に戻ったときに担当者に聞いてみると、とくに何も行われていないとのことだった。むしろ中庭の利用方法を巡って対立し、建物を管理する建築住宅課と社会福祉法人それいゆとの関係性が悪化していたのだ。さらに問題だったのは、市営住宅の入居者同士のトラブルが絶えないということだった。団地では傷害事件をはじめ、エレベーター内で小便をする入居者がいたり、男性入居者が女性管理人宅の玄関で下半身を露出する痴漢行為をしたり、さらには一人暮らしの入居者のために語らいの場として考えたフロアリビングは、昼間から酒盛りが行われ他の入居者に迷惑をかけているといった報告を受けた。建替前の団地の生活状況とまったくと言っていいほど変わっていなかったのである。とてもショッキングな出来事の報告を聞くばかりだった。建替前から支援してきたコミュニティ再生や団地の活性化を目指した建替事業は崩壊していたのである。

さまざまな原因が考えられるが、120戸という巨大な住宅の塊も原因の一つと考えられた。3年間にわたってワークショップやイベントなどによってコミュニティの再生を支援し、入居者にはさまざまな情報を発信してきたつもりだったが、実は参加してくれたごく一部の入居者だけの取り組みになってしまっていた。つまり半分以上の入居者にとっては、「共に住み、支え合う」という意識が醸成されず、単に住宅が新しくなって移転しただけにすぎなかった。私たちの力不足で新しい団地へ移転入居した120世帯すべての意識を変えることができなかったのだ。素人集団によるコミュニティ支援の限界を感じたのである。また整備方針の継続性にも問題があったように思う。基本構想策定時に考えていた想いが、人事異動という儀式によって担当職員が入れ替わり、後任の職員には当時の想いが伝わらない現実もある。産みの苦しみがある一方で、継続事業として担当となった職員にとってその業務の意味を理解できず、あるいは理解しようせず、前任者がチカラを注いだことを否定し、むしろ後ろ向きの行動につながったかもしれない。当時の建築系の学問では、意匠や構造といった技術論的なことは学んでも、住宅というものづくりの本質的なことまで学ぶ機会が少なかったことも背景にある。私たちが狙った「住宅を造るということ＝生活を創るということ」という考え方は、住宅行政のなかにおいてそう簡単にできるものでないことを認識した。

私たちがチャレンジしてきた入居者の意識変革とコミュニティ再生は、失敗に終わったと感じた。しかしながら、新地まちづくり会議やワークショップ等に参加した入居者にとっては、少なくとも集まって住むことの意義を理解してもらえたと思っている。一時的であるにせよ、心に火を灯したと思っている。この種火を消すわけにはいかないと思い、課長として戻ってきた私は、万難を排してこの状況を打開しようと決心したのは言うまでもない。

さっそく、団地に併設した福祉施設ふらねコパンの担当職員と団地の現状について意見を交わした。この担当者とは福祉部局にいたときから懇意にしており、普段から行政と事業者という関係ではなく、団地をどうにかしたいと思う気持ちだけで意気投合し、地域住民を巻き込んだ楽しい作戦会議を行うことができたのである。間もなくして、ふらねコパンの担当者が役所を訪ねてきた。ふらねコパンは中庭を囲むようにつくられており、この中庭を活かしてさまざまな地域交流行事をしたいとの申し出だった。担当者の話は私にとって大歓迎の話だった。加えて、今後ふらねコパン主催による交流行事をするために、芝の仕上げとなっていた土間部分を、法人の費用でインターロッキングに整備したいとのことだった。

ここで私の頭のなかに疑問が湧いた。なぜ、改まってこの中庭を使いたいというのか理解できなかった。この中庭を計画したときの構想は、担当者が提案した地域行事などに使うことを想定したものであり、むしろ開設後、この中庭空間を利用して何もやらなかったのか不思議でならなかった。よくよく話を聞いてみると、「この中庭は入居者との共用空間だから、勝手に使ってもらったら困る」という市の対応だったのである。

これまでの市の対応を謝罪し、当初の計画どおり、この中庭は入居者と地域住民との交流スペースであり、そうした目的でおおいに活用しようということで、整備を進めてもらったのは言うまでもない。この整備を進めていくと同時に、中庭を活用した催し物の計画が進められた。ふらねコパンは地域交流施設という機能を有しており、市高齢者福祉部局の委託事業を受け、介護予防を目的とした口腔ケア教室や健康体操教室を開催していた。加えて、ギター教室や革細工教室、フラダンス教室などの何らかのサークル活動がほぼ毎日のように行われていたので、中庭でそうした教室の発表会をするという内容だった。

新地東ひまわり団地中庭での交流の様子

左上：七夕そうめん流し大会、右上：流れてくるそうめんをキャッチ！、左下：秋のコンサートは各種サークルの発表会、右下：お色気ムンムン！フラダンスサークル

整備された中庭は、三方を建物で囲われており、音楽やマイクの音が住棟全体に響く空間となっていた。担当者の企画に大歓迎といったものの、完成して5年近く使われなかった中庭から大音量の音楽が流れることになると、入居者からのクレームは、必ず来るだろうと思ったが、覚悟を決め、発表会を開催することにした。覚悟は決めたものの万全を期すため、入居者に対する事前周知に加え、最初はスピーカーの音量を小さくして、入居者の反応を見ながら、徐々に大きくしていこうと担当者に耳打ちしたのだ。ところが、あんなに心配していたにもかかわらず、クレームは一切なく、むしろ発表した人たちからは、感謝の言葉をいただいた。何事もなく無事に終わった発表会以降は、ますます調子に乗り、

中間領域である中庭は、夏は地域の子どもたちを集めてそうめん流し大会、冬はクリスマス会や餅つき会など、季節ごとのイベントが次々と行われ、自助・互助の再構築に寄与している。数々の行事を仕掛けていったふらねコパンの職員には本当に頭の下がる思いだった。

そうした行事を繰り返していくなか、毎年恒例となった中庭でのクリスマス会を終え、後日、イベントの報告を兼ね、ふらねコパンの職員が一枚の紙きれを持って役所を訪ねてきた。それはクリスマス会での出来事だった。クリスマス会が行われているさなか、中庭に面した団地の3階通路から一枚のメモ紙が投げ込まれたとのことだった。職員はクレームかと思いつつそのメモ紙を開けてみると、図2・5に記載された内容が書かれていたとのことだった。この報告を聞き、ふらねコパンの職員と一緒に喜び合った。そして市営住宅の建替事業においてコミュニティ再生に取り組んで本当に良かった！と心底思った。一方で、私たちが取り組んできた

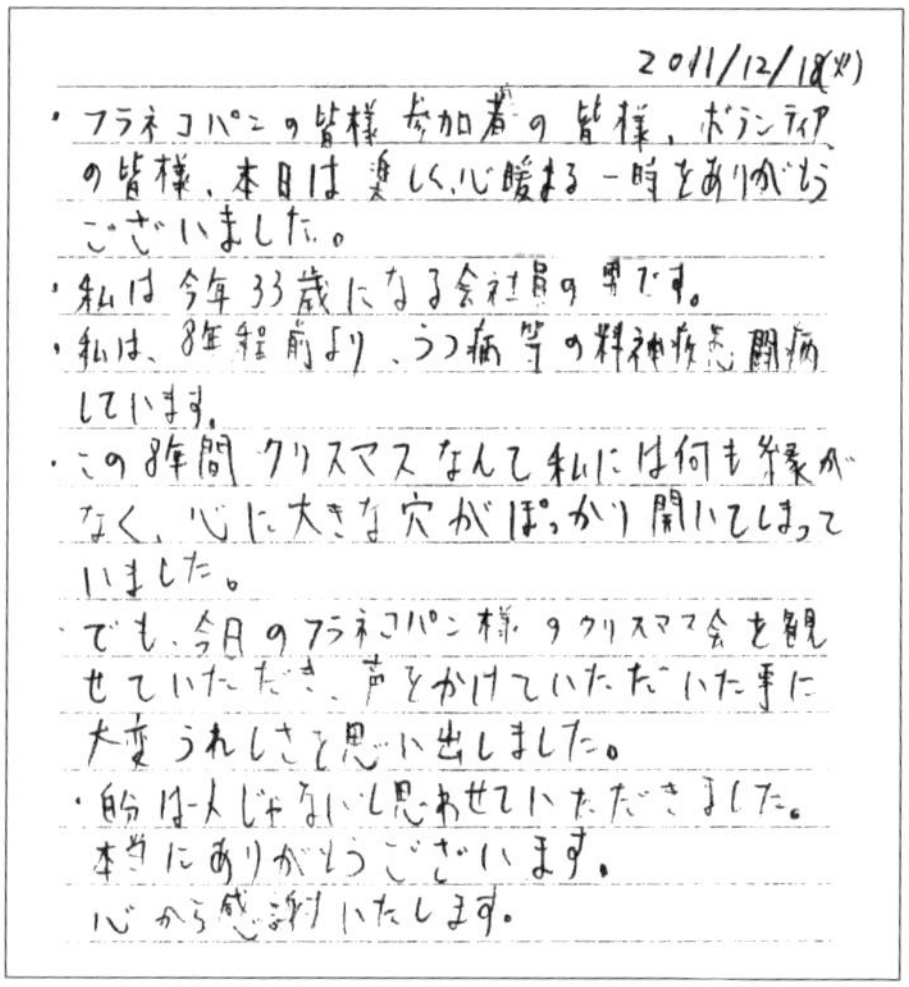
2011/12/18(日)
・フラネコパンの皆様、参加者の皆様、ボランティアの皆様、本日は楽しく心暖まる一時をありがとうございました。
・私は今年33歳になる会社員の男です。
・私は、8年程前より、うつ病等の精神疾患と闘病しています。
・この8年間クリスマスなんて私には何も縁がなく、心に大きな穴がぽっかり開いてしまっていました。
・でも、今日のフラネコパン様のクリスマス会を観せていただき、声をかけていただいた事に大変うれしさを思い出しました。
・自分は一人じゃないと思わせていただきました。
本当にありがとうございます。
心から感謝いたします。

図2・5　新地東ひまわり住宅の入居者からクリスマス会の時に届いた手紙（3階通路から中庭に投函）

コミュニティ再生事業に対して障壁側に立った職員は、決められたこと以外はやらないことが当たり前となっており、無駄なことや余計なことをするなという感覚だったのだろう。

団地コミュニティの再生事業の真の目的は、入居者の自立にある。他の入居者への無関心さがさまざまな問題を引き起こし、クレームとなって役所に持ち込まれる。認知症の方の団地内徘徊はまさにその類である。入居者が自らの手で団地の自治を運営し、自らの自治会が問題を解決することができれば、市役所へのクレームを減らすことができ、市営住宅管理そのものの業務量を減らすことにつながる。クレーム対応は時間を取られ体力も消耗する。行政が得意とする後手施策ではなく、クレームを発生させない予防施策として、そして入居者と民間と行政がＷｉｎ－Ｗｉｎとなるために、団地のコミュニティ再生事業は市営住宅管理のあり方に一石を投じることになった。

役所組織のなかには、多種多様な職員がいる。多種多様な職員がいてこそ組織は活性化すると思っている。しかしながら、なかには入庁することがゴールとなっている職員や庁内のしがらみから抜け出せず変化を嫌う職員、さまざまな法律を扱うことで許認可権をたてに、法の番人ではなく法の番犬と化している職員もいる。一番厄介なのは、「前例がない！」や「これまではこうしていた！」などと言って、自らの殻にこもり、新しいことにチャレンジしようとしない職員と付き合うことだった。こうした職員を相手にするときは大変な労力を要した。社会情勢が目まぐるしく変わる今日、自分の生活感覚や価値観（モノサシ）でモノゴトを考えるのではなく、市民と向き合い、現場に出て市民生活の実態を知り、行政に求められていることを知ることが必要だ。

2・6 「タテ」のつながりと「地域」という「ヨコ（面）」のつながりを結ぶ拠点

ふらねコパンが提供するサービスには、認知症専用デイサービスのフォーマルサービスのほかに、自主事業による在宅介護の一時的な支援を目的とした宿泊サービスと子育て支援サービスに加え、地域交流のためのカフェテリアなどのインフォーマルサービスがある（前掲、図2・4）。開設当時はふらねコパンの事業内容を知らない団地入居者や地域住民は多かったが、さまざまな地域活動の拠点として活用されることとなり、地域（校区）の社会資源として認知されるようになっていった。

「公営住宅」という「タテ」のつながりと「地域」という「ヨコ（面）」のつながりを結ぶ拠点となったふらねコパンは、地域交流施設を活用した地域住民が主体となったさまざまなサロン事業に加え、毎年、小学校区ごとに校区の自治会が主体的に取り組んでいる徘徊模擬訓練の事務局を担っている。この徘徊模擬訓練は、小学校区を単位とした日常生活圏域ごとで実施しており、認知症徘徊高齢者を地域住民のチカラで捜索する目的のほか、地域住民のコミュニティ活性化を目指して開催している。これからの社会には、地域住民が主体となったまちづくりが求められており、ふらねコパンのような地域拠点が事務局としてサポートすることによって、地域の役員や民生委員・児童委員をはじめとする多くの地域住民が主役となり、地域力や住民力を向上させていくことが重要になってくる。

ハコモノという建築物は、ソフトの仕掛けしだいで、地域力や住民力を向上させるための推力として大きなチカラを発揮する。とくに公共施設の整備では、公共（福祉）施設というハコをつくった！という行政（首長）の実績ではなく、地域住民から愛されるハコでありたい。そう感じてもらうには、運営事業者や民生委員などの関係する住民とパートナーシップのもと、同じ目線で協働し、ハコを育てていくことが必要である。

大牟田市で社会福祉施設を併設した市営住宅が誕生し、全国の研究者や国交省や厚労省の行政関係者など、多くの方々に紹介してきた。これまでの道のりには紆余曲折あったものの、パートナーとなった民間事業者をはじめ多くの関係者を巻き込み、そして多くの理解者に恵まれたことによって新地東ひまわり住宅は完成し、そして今も進化している。福祉施設を併設する意義は決してカタチではない。あくまでも住民が主役であり、その脇で黒子として動く自治体職員が、それぞれの施策を掲げ、福祉施策と住宅施策とが連携していくことが、安心できる住空間の創出につながるのではないだろうか。

開設して10年が経ち、私が退職する前に運営事業者の更新手続きを終え、さらに10年間、社会福祉法人それいゆによる運営が継続されることとなった。時間の経過とともに社会的背景が変化し、そのつどさまざまな課題は出てくると思うが、さまざまな世代が暮らす地域の人たちが、住み慣れた地域のなかで安心して暮らし続けるための支援拠点として、そして地域住民や介護サービス事業者との協働の実践活動の場として、さらなる発展を期待したい。

第3章　24時間365日の安心環境の実現——地域密着型サービスの推進

3・1 満点は要らない……。走りながら考える

話は少し遡るが、2005(H17)年の秋、上司との面談において、半分冗談っぽく「高齢者福祉部局に異動させてくれ!」と申し出た。当時、少しばかりバリアフリーのことをかじっていた私は、高齢者の暮らしを知らないとバリアフリーの本質には近づけないと思うと同時に、福祉部局でも何とかなるだろうと安易な気持ちからだった。また、設計事務所時代に犯したバリアフリーにかかわる失敗の罪滅ぼしのために取り組んできたバリアフリー住宅士養成講習会がひと区切りし、加えて新地東ひまわり住宅の建替事業を軌道に乗せることができたことからだった。

2006(H18)年4月に望みどおり、保健福祉部長寿社会推進課に異動となる。私にとってこれが初めての異動だった。これまでのバリアフリーの取り組みもあり、以前から長寿社会推進課には何度となく出入りしており、何人かの顔見知りもいた。一般職として高齢者福祉を学びたかったが、前職場で主査(係長職)であったため、そのまま主査として5人の優秀な事務職の部下と一緒に仕事をすることになった。また長寿社会推進課には3人の課長職がいて、うち2人は私と一緒に異動してきた新米課長。その3人を統括する次長が、介護保険準備室をへて初代介護保険課長をしていた大戸誠興氏だった。ちなみに後で知らされたが、当時(今もそうかもしれないが)、長寿社会推進課というところは、市役所のなかで一番行きたくない職場だったらしい。

自ら望んだところで意気揚々と着任したものの、初日から苦しむこととなった。福祉（介護）の専門用語がまったくと言っていいほど分からないのである。ある職員は特別養護老人ホームのことを「特老」と言ったり、ある職員は「特養」と言ったり、建築屋の私にとってはまったく異次元の空間だった。さらに追い打ちをかけたのが介護保険法の改正である。２０００年に介護保険法が施行されたぐらいは知っていたが、２００５年には新しいサービスが創設されるなど、大きな改正を目の前にただただ戸惑うばかりだった。

私が配属された係は、「指定・育成担当」である。「指定・育成担当」といっても、異動したばっかりの私にとって、何を指定するのか、何を育成するのか分からない。数日たって教えてもらったのは、今般の改正で地域密着型サービスというカテゴリーができたことにより、これまで介護事業所の認可などは県に権限があったものが、市町村で指定（いわゆる認可）するものになったことだ。さらに分からないのが、今回の改正で新しくできた「小規模多機能型居宅介護」というサービスだった。

さて、異動後の最初のミッションが住民説明会である。介護保険制度が市民生活に根付きつつある時期に、今回の制度改正。説明会では、反対する市民も少なからずいるだろう。そんななかで改正内容を説明しなくてはならない。上司からは「ゴールデンウィーク明けから地元説明会に入ってくれ」とのこと。加えて、「説明会では、住民に分かりやすくするためにＤＶＤを制作しろ！」と。次から次へと訳の分からない難題が降りかかってきた。制度のことから勉強しなくてはならないが、時間がない。住民説明会の資料に加えて、ＤＶＤを作るならシナリオ（脚本）から作らなければならない。矢継ぎ早にくる上司からの要求に脳細胞が破裂しそうだった。そして心が折れそうになる。着任当時の「とりあえずゴールデンウィークぐらいまでボチボチ勉強しながら……」という甘い考えは、脆くも崩壊した。異動直後からさまざまなミッションがあるなか、「メンタルが壊れる」って、このような状態を言うのかと思った。しかしながら、今いる職場は自ら手を挙げた手前、壊れるわけにもいかないという気持ちと、職場の仲間（とくに５人の部下）によって踏ん張ることができたように思う。

改めて思い起こすと、うまく乗り越えられたコツは、完璧を求めず、とりあえず60％ぐらいで走りながら考えようと決めたことだった。つまり、優・良・可で言うところの「可」である。設計事務所時代には、施主から求められたこと以上の提案をやるのがいいと教えられてきたが、ここでは、求めることに対して、良し悪しは別として、目的が達成できれば前に進むことができる。完璧を求めるあまりメンタルが壊れ休職を余儀なくされている職員も少なからずいるが、自分のプライドを捨て、今の自分に求められているものの本質を理解することが大切なように思えた。

要求のあったＤＶＤは、出演する役者やスタッフ、そして職場の仲間の協力を得てゴールデンウィーク中に編集し制作することができた。こうして福祉部局での初めてのゴールデンウィークは、撮影と慣れない編集作業であっという間に終わってしまった。

住民説明会も何とか終え、いよいよ地域密着型の整備推進にとりかかる。すでに前年度にサービスを提供する介護事業者の選定が終わり、建物を整備する予算は翌年の繰越扱いとなっている。つまり、異動してきた当該年度で、建物の完成まで終わらせないといけない事業を抱えることになっていた。しかしながら、私も介護事業者も小規模多機能居宅介護サービスのことはよく知らない。またまた、走りながら考えることになる。

3・2 私の宝物となったさまざまな人との出会い

過酷な状況はまだまだ続いた。異動した年の7月、大戸次長に呼ばれ、「8月16日に厚労省で委員会があるから、そこで大牟田の小規模多機能施設の整備状況を説明してきてくれ」と、声がかかる。「俺が……?」私はまだ異動して4カ月ですよ」と返すが、逆に「もう4カ月も経った」と一蹴される。ゴールデンウィークが終わり、ようやく前年度選定されている小規模多機能施設の整備に着手しようと思った矢先であった。加えて、今年度の小規模多機能施設事業者の選定作業や老人福祉センターの指定管理者制度導入準備など、これからやらなきゃならない業務は数えきれないほどある。さらに厚労省の委員会で何を求めているのかさえ把握できていない状況のなか、厚労省へ提出する説明資料も作成しなくてはならなくなった。いまだに小規模多機能施設のこともよく理解していないド素人の私が、厚労省の会議に出て何をしゃべってこいと言うのだろうと思った。こうした無理難題と思える命令?・はこれだけで留まらなかった。

その年の10月、ある日部長室に呼ばれて入室すると、そこには部長と二人の次長がソファに座っていた。「まぁ、座れ!・」と言われソファに腰かけた。腰かけたと同時に大戸次長から、「パスポートを持っているか?・」と。「ちょうど、2年前に取ったばかりです」と応えると、「それは良かった……」3人の部長次長は、しめしめとばかりの満面の笑みをこぼす。次に繰り出された言葉は、「牧嶋、11月に韓国に行ってこい!・」「そこで日本の介護保険制度についてしゃべってこい!・」とのことだった。「なんで俺が!・」と思うことばかりだった。その後のやりとりは覚えていないが、チケットの手配から少しの日本語が分かる韓国の人とのメールのやりとりなどをへて韓国へ向かったのだ。

空港に到着すると、そこには「大牟田市・牧嶋さん」とマジックで書いた紙を持っている韓国人が立っていて、そのまま連行される。キリスト教が母体となっている老人福祉施設みたいな施設(老人福祉会館)と説明を受けた施設の門を潜ると、玄関入り口には大きな横断幕が取りつけられていた。なんて書いてあるのかと聞くと、「歓迎!・大牟田市の牧嶋さんを歓迎します」とのことだった。もしかすると、日本から来た相当偉い人だと勘違いしているのではと内心思った。施設見学を終えると日本語が通じない韓国人2人から夕食会場に案内され、韓国名物焼き肉をごちそうしていただいた。ただ、お互い言葉が通じないため、身振り手振りで「うまい」を表現し、終始笑顔に徹し、ご機嫌なふりをしていた。

韓国での講演内容は正直に言うとよく覚えていないが、介護が必要になったら、日本では介護保険という制度で支えることができる。しかし、介護にならないことが最も大切であり、普段から介護予防が大切ということを話したように覚えている。そんな韓国での珍道中講演というミッションをクリアしたのである。ちなみに、帰国後聞いた話によると、韓国からのオファーは、当初神戸市の保健福祉部長に持っていかれたが、議会中とのことで断られたため、宝塚市の部長に依頼されたそうだ。だがそこでも断られ、大牟田市の保健福祉部長に回ってきたらしい。紹介元の部長みたいに断ればいいものを簡単に引き受けてしまう。そこが大牟田市職員の奥深さなのだろう(笑)。

こうしたパワハラに近い業務命令はまだまだ続いた。異動年の年明け1月に「日本福祉大学に行ってしゃべってこい!」と……。そこに地域福祉を専門にしている平野教授という人がいるから、大牟田で取り組んでいる地域認知症ケアコミュニティについて説明してこいと言われた。だが、異動して8カ月が経ったとはいえ、他の担当が所管していた地域認知症ケアコミュニティがどういうものなのかも分からない。またまた説明するための勉強が始まったのは言うまでもない。

きわめつけのパワハラ業務命令は、翌年2012(H24)年の7月に鉄道弘済会が主催する社会福祉セミナーが開催されることになっており、「俺の代わりにしゃべってこい!」である。すでに「シンポジスト：大戸誠興氏」とチラシもできていて全国に周知されていたのである。講師の面々を見ると、福祉の世界では名の知れたいわゆる著名な方ばかりである。お金を払って参加される人たちは、きっと先進的な取り組みをしていた大戸氏の話が聞きたいはずだが、わずか1年ちょっとの経験しかない、しかも建築屋の私がそんなステージに立っていいものか不安ばかりで、乗っている飛行機が落ちないかなぁ！と思いながら上京したのを覚えている。

ド緊張状態の私は、早めに会場入りすると、すぐに係の方にＶＩＰが使うような講師控室に通される。一人で窓から有楽町のビル群を眺めていると、なんと前三重県知事の北川正恭氏が入ってきた。大牟田の一小役人であり、しかも代理の人間が名刺交換するなんておこがましく思い、言葉を交わすことなく十数分間の沈黙の時間が続いたのを覚えている。しばらくすると北川知事は基調講演のために控室を後にされた。ほどなく私も登壇の時間となり、係の方が迎えに来られ会場入りする。ホッとしたのもつかの間、すぐにシンポジウムが始まった。コーディネーターは立教大学社会福祉学部教授の森本佳樹先生だった。森本先生の専門は、地域福祉、コミュニティワーク、福祉情報、福祉計画、地域ケアシステムなどであり、とりわけ、要介護者を中心とした地域ケアや小規模多機能型居宅介護の研究分野における第一人者である。森本先生は、私が大戸氏の代わりであることを承知のうえで、緊張していた私を上手に扱っていただき、シンポジウムを無事に終えることができたのだ。

森本先生とはその後もお付き合いをさせていただき、小規模多機能サービスをはじめ、福祉の面白さを教えてくださった恩人である。今でも記憶に残っているが、森本先生の研究事業で近江八幡市のヒアリング調査に同行したときの道すがら、「福祉と建築って関係がありますよね」と何気なく言ったら、「建物は人が使うものであり、建築と福祉は切っても切り離せない関係だよ！」と返してくださったのだ。私みたいな建築屋が福祉の世界にいてもおかしいことではないのだと改めて認識したのである。その後も幾度となくお会いする機会があり、飲みながらたくさんのことを学ばせていただいた。私が福祉部局でやってこられたのは、森本先生の数々の指導や助言があったからだ。こうしたご縁もあり、数年間だけだったが、立教大学コミュニティ福祉学科の学生の実習を大牟田市でも受け入れるようになり、地域福祉について多くのことを学ぶ機会をいただいた。残念ながら、２０１７年11月ご逝去されたが、今の私があるのは、森本先生との出会いがあったからだと思っている。

このように私のこれまでの人生になかったことが保健福祉部では次々と降りかかってきた。ところがこのパワハラもどきの数々を振り返り、視点を変えて考えてみるとパワハラでもないことに気づくのである。介護保険制度や福祉サービスのことをまったく知らないド素人の私にとって、たくさん勉強するチャンスを与えてくれたのである。今思えば、異動してからは捨て身の学習環境だった。出会った人はすべて私の知的指導者と位置づけ、介護や福祉のことを本や雑誌で学び、一方で、介護の現場に行くと職員を捕まえてあれこれ尋ねる。学んだことが本当に正しいのか、そして、そのことが市の介護や福祉施策の方向性として間違っていないか自分の眼で確かめていった。いろんな人たちの本音を聞くために酒を飲む機会もかなり増えた。財布のなかはいつも北風が吹き荒れる状態だったが、たくさんの知的指導者や仲間は私の大切な宝物である。

今の時代には考えられないパワハラ的上司と出会い、たくさんの知見を有する大学の先生と知り合いになれた。改めて、当時の福祉部局の上司に感謝するとともに、人との出会いやご縁って大切なのだと改めて感じた。こんなきっかけがなかったら、何の刺激もなく平凡な福祉部局での時間を過ごし、普通の公務員となっていたかもしれない。さらにつけ加えると、福祉部局でのこうした経験は、その後異動した建築住宅課長として取り組んだ人材育成や職場マネジメントにもおおいに役立った。職員を虎のいる穴に突き落とすことはしないが、職員一人一人の持つ能力を見極め、今の大牟田に適応した新しい施策づくりに積極的にチャレンジすることができたのだ。

3・3　小規模多機能型居宅介護と地域密着型サービス

行政職員の方にとってよくある光景かもしれないが、異動の内示が発令されると、1週間以内で前任者から業務の引き継ぎを受け、4月1日には新しい職場に着任することになる。一般的な引き継ぎでは最低でもＡ４一枚程度のペーパーに記載した資料をもらって業務を引き継ぐが、たまに前任者からの引き継ぎメモすらない場合がある。私の場合、それにあたってしまった。前任の先輩からは、「牧嶋君はすでにいろいろ知っているだろうから、何も用意していないけれど大丈夫だよね」と……。そして口頭で「あんな課題、こんな課題がある」と、福祉の専門用語を奏でながら言われたのを記憶している。人間性はとてもいい人だが、仕事に関して言えばいい加減な男である。引き継ぎでは半分以上、状況を理解することはできなかったが、「まぁ、優秀な部下や周りの職員に聞くと何とかなるだろう」と思い、笑いながら引き継ぎを受けた。

前述したとおり、異動直後のゴタゴタを何とか片付けた私にはもう一つ重要なミッションがあった。国の補助金を活用した小規模多機能型居宅介護施設の整備を進めることだった。そこで小規模多機能型居宅介護について、少し勉強しようと、当時の第２期介護保険事業計画を見たが、とくにこれといった記述はない。どんなサービスなのか、よく理解できていないまま担当することとなった。すでに私が異動する前年度に五つの小規模多機能事業所の選定を終え整備することが確定しており、すべて繰越事業として処理されたため、何としてでも当該年度に建物を完成させ、運営してもらうことが必須条件となっていた。

一方、地域包括ケアシステムではそれぞれの市町村が日常生活圏域を設定して、地域密着型サービスを展開することになっていた。ところが、厚労省等から発出された文書やポンチ絵では、

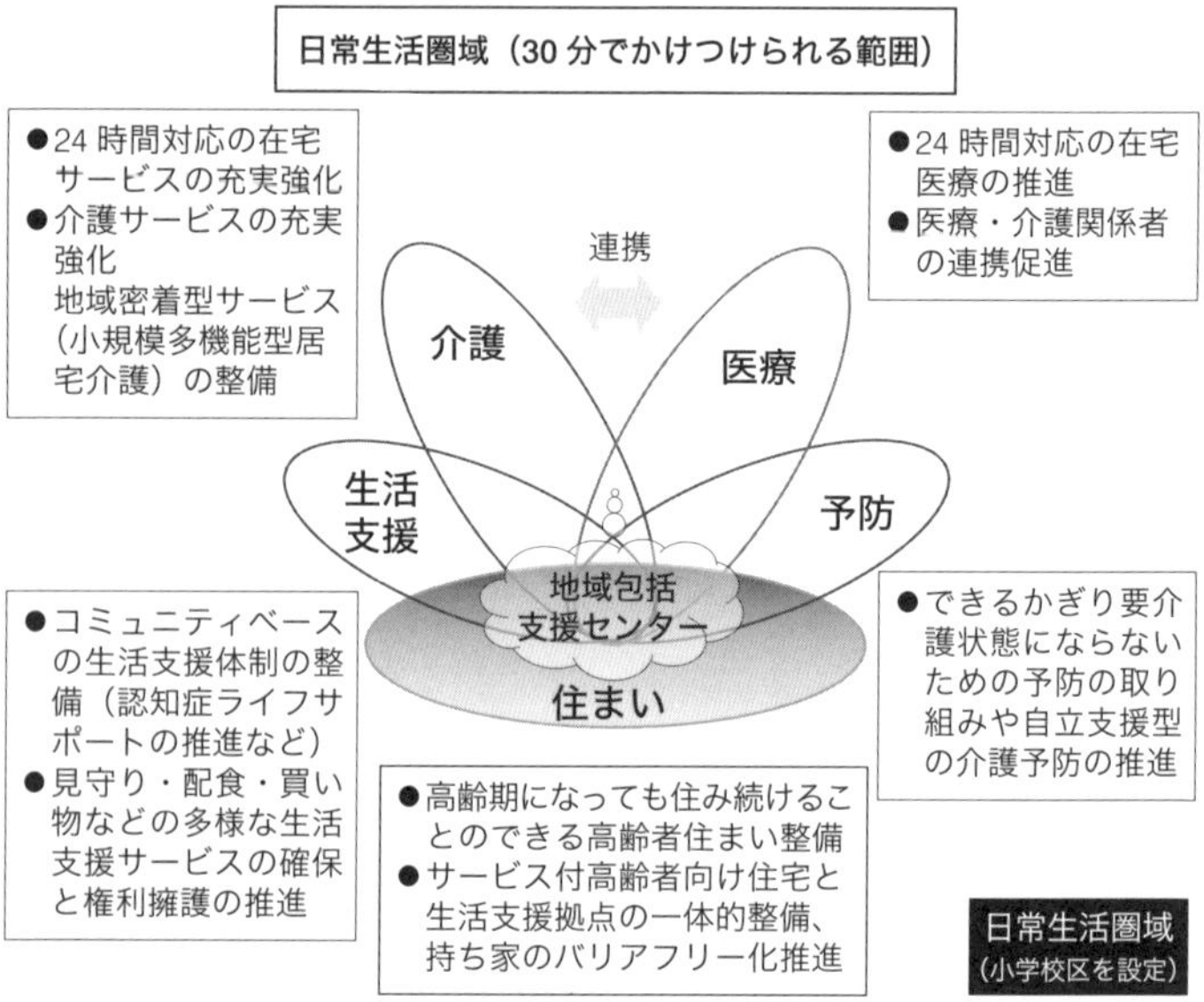
日常生活圏域（30分でかけつけられる範囲）
●24時間対応の在宅サービスの充実強化
●介護サービスの充実強化
地域密着型サービス（小規模多機能型居宅介護）の整備
●24時間対応の在宅医療の推進
●医療・介護関係者の連携促進
連携
介護
医療
生活支援
予防
地域包括支援センター
住まい
●コミュニティベースの生活支援体制の整備（認知症ライフサポートの推進など）
●見守り・配食・買い物などの多様な生活支援サービスの確保と権利擁護の推進
●できるかぎり要介護状態にならないための予防の取り組みや自立支援型の介護予防の推進
●高齢期になっても住み続けることのできる高齢者住まい整備
●サービス付高齢者向け住宅と生活支援拠点の一体的整備、持ち家のバリアフリー化推進
日常生活圏域
（小学校区を設定）

図3･1　地域包括ケアシステムの概要

中学校区程度を日常生活圏域と書いてあるものの、大牟田市では小学校区を日常生活圏域に設定していたのである。この日常圏域の設定について、周りの職員や事業計画を作成した職員に聞いたが的確な答えが返ってこなかった。しかしながら、小学校と中学校のＰＴＡ会長を経験していた私にとって、この小学校区を日常生活圏域とした設定は何となくであるが、しっくりいくものだった。そこで、これまでの民生委員・児童委員や自治会役員等と付き合ってきた経験をもとに、完璧とは言えないまでも、住民や他の職員に説明できるよう自分なりに整理した（図３・１）。再度書くが、ここの職場では60％以上であれば前へ進むと決めてい

たこともあり、くどくどと考える時間があったら、与えられたミッションを進めていくことが重要だった。それにしても「地域密着型サービスって何だろう?・」「小規模多機能って何だろう?・」と、異動直後の私には、こうした意味不明の専門用語が頭のなかでぐるぐる回っていたのである。

さて、大牟田市が地域密着型サービスを積極的に整備してきた背景には、２００５（H17）年の介護保険制度改正により、「介護予防の推進」「認知症ケアの推進」「地域ケアの推進」という大きな三つの柱が打ち出されたことによる。これは、介護保険制度の基本理念である「たとえ介護が必要になっても住み慣れた地域で、在宅を基本として安心して暮らせるまちづくり」を目指したものであり、こうしたことから新たに地域密着型サービスや地域包括支援センターなどが創設されたのである。当時の大牟田市の施設・居住系サービスは参酌標準（参酌標準とは、施設・居住系サービスが過剰にならないために、施設整備における一つの目安として設定した数値目標）を上回る状況であったが、今後の要介護等認定者数の増加等を勘案すると、介護施設を整備し続けなくてはならないことも考えられた。しかしながら施設サービスは在宅サービスの約3倍のコストがかかっており、これから市民の介護保険料負担が大きくなることは明らかだった。

また、支援が必要な人を身近な地域のなかで支えていくという「地域包括ケア」を充実させるためには、地域資源が有機的に連携し、地域住民の生活を支えるものとして機能することが重要である。とくに、大牟田市が積極的に取り組みを進めていた「認知症ケアコミュニティ推進事業」においても、コミュニティベースの支援体制づくりが求められていた。こうした制度改正や本市を取り巻く状況を鑑みた結果、今後の基盤整備においては、従来のような大規模で広域を対象とする施設を整備する「点の整備」から、身近な生活圏域においてさまざまなサービス拠点が連携する「面の整備」へと転換する必要があった。そこで、地域密着型サービス、とくに認知症の人や要介護の中重度認定者の在宅生活を24時間体制で支えていくための仕組みとして、「小規模多機能型居宅介護」の整備を推進することとした。

整備にあたっては、日常生活圏域である小学校区に1事業所を目標に掲げ、さらに地域住民が自らサービスの担い手として参加し、コミュニティの再生や新たなサービス基盤の形成を図ることができるよう、介護予防の拠点および地域交流の拠点として介護予防拠点・地域交流施設の併設を義務化した。

3・4 小規模多機能型居宅介護は地域の大切な資源

小規模多機能型居宅介護とは、改正介護保険制度で創設された地域密着型サービスの一つである。同一の介護事業者において、「通い」を中心に、短期間の「宿泊」や自宅への「訪問」を組み合わせ、生活支援や機能訓練を一つの事業所で行う「在宅介護サービス」の一種である。つまり、認知症高齢者を主な対象者とし、通い・宿泊・訪問などのサービスを提供していた「宅老所」をモデルに、要介護高齢者が施設に入らなくても、自宅で安心して暮らし続けていけるという理念で作られたサービスである。

介護サービスの種類すら知らないド素人の私は、小規模多機能型居宅介護について一から勉強することとなる。参考になりそうな本でも買って勉強しようと思っていたが、そんなことは不要だった。当時の大牟田市は、認知症の取り組みにおいて先進的と言われており、全国の福祉（介護）業界の先頭を走っている著名人が関わっていたこともあり、酒席を含めあらゆる機会を得て小規模多機能の話を直接聴くことができた。

さらに小規模多機能型居宅介護の制度設計に関わった全国小規模多機能型居宅介護事業者連絡会の代表であり、NPOコレクティブ代表の川原秀夫さんも大牟田にも出入りしてくれていたのだ。つまり、こちらから情報を収集するというより、全国の先進的な取り組みと言われるさまざまな情報が、知らぬ間に絶えず入ってきていたのだ。機会あるごとに小規模多機能型居宅介護の創設にいたった経緯や背景に加え、あるべきサービスについてじっくり話を聴くことができた。川原さんの事業所は熊本市内に拠点があったこともあり、関係する小規模多機能施設や関連施設を見聞きして回った。

また、福祉施設研究の第一人者である三浦研先生（京都大学大学院教授）や石井敏先生（東北工業大学教授）、山口健太郎先生（近畿大学教授）との出会いは、私にとって大きな財産となった。とくに、日本医療福祉建築協会（ＪＩＨａ）の委員会に参画させていただき、全国で整備された小規模多機能施設の視察に同席させてもらった。ハードとソフトを見る視点や考え方など、多くのことを学ばせていただいた。

こうした委員会活動を経験しながら、市内の施設を実際に見てみると、特別養護老人ホームや老人保健施設などといった大規模な施設とはまったく異なり、空間の違いはもとより、集団ケアと個別ケアの違いをまざまざと見せつけられた。小規模多機能サービスを利用している高齢者の表情が豊かで、素人の私でもこのケアの良さが理解できた。こうして小規模多機能サービスの魅力にとりつかれた私は、一気に整備を進めることとなった。

先述したとおり、大牟田では小学校区を日常生活圏域として設定しており、小規模多機能施設を小学校区ごとに配置し、地域の福祉（介護）拠点とする考え方が示されていた。少し視点を変えてみて見ると、介護の世界では事業所の送迎車で高齢者を送り迎えするため公共交通網のことまでは考えが及ばないが、小規模多機能施設をマップに落としてみると、すでに都市計画的な発想によって福祉の拠点を整備することになっていたのである。都市計画の世界では、駅やバス停を起点とした地域エリアを団子に見立て、公共交通網を串に見立て、「団子と串」による都市計画が進められようとしているが、こうした地域福祉計画とコンパクトシティや立地適正化計画という概念をもったマスタープランが重層的に描かれると住みやすいマチになるかもしれない。だが、残念なことに、都市計画マスタープランを策定するコンサルタントが、表面上の福祉をかじっているだけの内容となっており、真の計画になっていないのが現状である。

大牟田市の小規模多機能施設は、短い期間で市内のあちらこちらに計画的かつバランスよく整備が進んだ。しかしながら、すべてが順調に進んでいったわけではない。地域密着サービスとは、文字どおり地域に密着した介護サービスであり、整備を進めるためには地域住民の理解を得て進めることが求められる。一般的な整備では、地域住民から反対意見もなく整備は進んでいくが、なかには私のような行政の一担当者が地域住民に呼び出されるケースもあった。

一事例を紹介すると、建設が予定されていた計画地は、昭和50年代に開発された大規模な新興住宅地の一角である。住宅地全体が高齢化しており、すでに数十件の空き家が目立つ地域であった。ある日、Hさんの自宅から数十メートル先の空き地に重機が運搬されたことから、Hさんは何か建設されるのかと現場作業員に尋ねたところ、この地に福祉施設が建設されることを知ったらしい。このことを知った住民は怒り心頭に発し、すぐさま市役所にクレームの電話をかけ、「今すぐ出て来い。説明しに来い！」と怒鳴り散らす。呼び出された私と部下は座敷に正座させられ、「近くに福祉施設が建設されると困る」「地域の迷惑施設だ」等と1時間にわたるクレームに耳を傾けることとなる。私たちを呼び出した50代ぐらいの地元住民にとって、将来の介護のことなど無関係なのであろう。私の心のなかでは、「あと数十年経つと、整備してくれてありがとうと言われる日が来るだろう！」と思いながら聴いていたのだ。

現在、同居する私の父も5年前、自宅縁側でコタツに入ってテレビを見ているとき、突然の小脳出血により倒れ緊急搬送された。後遺症により体幹等に身体的な障がいが残ったことに加え、脳血管疾患による軽い認知症を発症し、現在要介護3の介護認定を受け、週3回午前中だけデイサービスを利用している。家族としては終日サービスを利用して欲しいところだが居心地が悪いらしく、昼食を取った後は、「帰る!・帰る！」の一点張りで、サービス事業所から幾度となく連絡があったため、事業所に迷惑がかかないようなケアプランになっている。加えてモノ忘れが進行している母も健在なため何とか見守りができているものの、母のことを考えると、本人や私たち家族の状況に応じて、柔軟にサービスを組み合わせることができる小規模多機能サービスは適しているのかもしれない。当事者として介護という現実を受け止めることになり、改めて介護サービスの必要性と本人にとって最適な介護サービスが何かを考えさせられている。私の場合、たまたま福祉部局に在籍し、介護の業務に携わってきたから、さまざまな介護サービスがあることは知っている。しかし、介護のことはまったく関係ないと思っている元気な高齢者も、将来、要介護認定を受ける、受けないにかかわらず、身近な場所にどんな介護サービスがあるかだけでも知っておくと、将来の安心につながるだろう。

小規模多機能ホーム
「みえあむ」併設
地域交流施設
「きてみてテラス」
小規模多機能は在宅を支える仕組み
として整備してきた
[地域交流施設の活用事例]
▽地域コミュニティ再構築・活性化のお手伝い(向こう三軒両隣作戦)
▽地域の人づくり・人育ての場
▽(駛馬南小学区)徘徊模擬訓練の拠点として活用ほか

図 3・2　小規模多機能ホーム「みえあむ」と介護予防拠点・地域交流施設「きてみてテラス」

小規模多機能サービス拠点の整備にあたっては、日常生活圏域である小学校区に 1 事業所を目標に掲げ整備してきた。まち地域住民自らがサービスの担い手として参加し、コミュニティの再生や新たなサービス基盤の形成を図ることができるよう、介護施設および地域交流の拠点として、地域交流施設の併設を義務化した（大牟田市独自の基準）

当時、小規模多機能施設を整備しているときも同様のことを考えていた。介護はある日突然やってくる。まさにわが家でも同じことが起きた。介護が必要になってから慌てて介護施設の門戸を叩くのではなく、元気なうちから介護サービスのことを知っておくことがとても大切だと出前講座でも話していた。

このように話をしていたものの、介護施設の門を叩くには勇気がいる。目の前の介護で困っている方を除き、元気な人が「施設を見学させてください」とはならない。こうしたことから、介護は身近なものだということを健康なときから知ってもらうために、小規模多機能施設やグループホームなどの地域密着型

地域交流施設での多世代による交流

地域交流施設で近所の茶道の先生を招聘し、入所者や近所の人たちと茶道を学んだ

サービスを整備する際は、介護予防拠点・地域交流施設の併設を市の独自基準として義務化したのだ。この介護予防拠点・地域交流施設（以下、地域交流施設という）は、地域の高齢者を中心とした健康づくり、閉じこもり防止、世代間交流などの介護予防事業を行う施設であるとともに、老若男女を問わず、食事や会話を楽しみながら、地域住民同士の交流を深めていくことを目的に整備したものだ。つまり、地域交流施設とは、要介護の有無にかかぎらず、地域住民の誰もが自由に利用できる、地域の「集まり場・茶飲み場」である（図3・2）。

素人発想で考案した地域交流施設の併設は、事業者をはじめ市民や行政にとって数々のメリットがあった。とりわけ、地域交流施設で開催される各種イベントを通して、小規模多機能施設が身近な施設であり、安心して利用できるサービスであることを知ってもらい、施設の敷居を低くすることができた。また、健康なときから地域交流施設を利用することで馴染みのスタッフとの関係性が生まれ、将来介護が必要になったときも、同じスタッフが引き続き支援をすることで、地域のなかで住み続けられることを知ってもらった。さらにこの施設は高齢者だけではなく、子育て世代、幼児から青少年などの利用も可能としており、多世代によるさまざまな活動により地域コミュニティを活性化させる効果があり、住民同士が馴染みの関係になることで、地域のなかで助け合い、支え合い、おかげさま、お互いさまといった自助・互助による共生型地域コミュニティの構築が期待できる。

そのほか、市全域で行われる全国的にも知名度のある認知症ＳＯＳネットワーク模擬訓練は、現在それぞれの小学校区単位で取り組まれており、地域交流施設の運営事業者がこの模擬訓練の側面的支援を担うことで、市民と介護サービス事業者と行政の協働による地域のマチ育てに貢献できている。これこそが地域密着型サービスという名前の由来だったと勝手に解釈している。

3・5 小規模多機能ケアの質を高めるための組織づくり

2006（H18）年から整備を始めた小規模多機能型居宅介護施設は、日常生活圏域である当時の24小学校区のうち、ほぼすべての校区で整備することができた。しかしながら、すべての小規模多機能においてサービスやケアの質が同じかというとそうではない。開設した管理者のなかには、小規模多機能ケアのあり方をまじめに探求する管理者もいれば、法人から「小規模多機能施設の管理者をやってくれ！」と言われ、しぶしぶ管理者をしている人もいた。加えて地域密着型サービスの運営には2カ月に1回の「運営推進会議」の開催が義務づけられたが、これまで地域と無関係に介護サービスを展開してきた事業所にとって、この会議でどのようなことをやればいいのか分からないとよく尋ねられた。

このように小規模多機能施設の整備は進んだものの、なかには小規模多機能サービスを自分なりに解釈して、勝手に入所施設みたいな運営をしている事業所も出てきた。小規模多機能サービ

小規模多機能の整備や連絡会で尽力してくださった故高巣徹子氏

スの制度の理念や考え方から明らかに逸脱していた事業所は、責任者を呼び出して指導することもあった。介護サービスを利用する市民にとって、当たり外れがないよう、サービスの質担保は保険者である私たちの責務だった。とはいうものの、私自身が介護事業所に従事したわけでもなく、どのようにして小規模多機能ケアの質を高めることができるかを思案した。制度創設に関わられた川原秀夫氏や宮島渡氏、故小山剛氏などのいわゆる小規模多機能のパイオニアと呼ばれる方々を招聘して勉強会を開催してきた。ある講演で、ケアの質を上げるための考え方として、風呂敷の真ん中を引き上げるとその周囲も引っ張られるように底上げできると言っていたが、風呂敷が大きければ大きいほど事業所間の落差が広がっていく。つまり、企画した勉強会に参加しない事業所は風呂敷の端にいることになり、ケアの質という落差は広がっていくばかりだった。

最前線の現場では、それぞれの事業所がケアマネジメントや運営、地域とのつながりなど、さまざまな不安を抱えて小規模多機能サービスのあり方を模索していた。当時、市長寿社会推進課が市内の介護サービス事業所の事務局を担っていたこともあり、小規模多機能サービスの質を向上させるために積極的に支援することとされていた。そこで市内で早くから小規模多機能サービスに取り組まれ、市内の医療機関で介護部長をされていた早川龍太氏（のちに連絡会の初代代表）と話し合い、事業所同士が集まって課題を共有し、お互いに学び合いながら、小規模多機能ケアの質を高めることとした。２００８（H20）年2月、早川氏をはじめとする数人の小規模多機能施設の管理者たち（世話人会と呼ぶ）と数回の意見交換をした後、２００８（H20）年6月、大牟田市小規模多機能型居宅介護事業所連絡会（以下、連絡会）を正式に発足したのである。

この時点で、大牟田市内に小規模多機能型居宅介護事業所は11カ所であり、さらに7カ所の事業所で開設が予定されていた。この連絡会には、すでに開設している事業所に加え、開設予定の事業所も参加してもらい、それぞれの事業所が抱える悩みや不安を議題として取り上げ、私たちの事業所ではこんなケアや対応をしたといった情報を提供してもらった。そのほか、利用者の登録状況や運営推進会議のやり方、さらには要支援者の利用相談対応や困難事例についてアドバイスをもらうなど、会議のテーマは実にさまざまであった。どこの事業所が優れている、優れていないということではなく、市民にとって求められる小規模多機能ケアについて闊達に意見交換していたのである。

鹿児島県霧島市の小規模多機能連絡会との合同勉強会＆交流会

連絡会の運営は、世話人と呼ばれるいくつかの事業所の管理者からなる世話人会で決めていく。世話人会の開催場所も、お互いの事業所を知ろうということで、市内の小規模多機能事業所で持ち回りで開催することにした。私たち市職員は事務局として同席するものの、会議の議題や勉強会の開催などは事業所の自主性にすべて委ねる。自分たちでできることはお任せし、私たちは行政でなければできないことをやるだけである。当時、市では「協働」を掲げ、市民参加によるまちづくりを進めていた。協働とはパートナーシップのもと、同じ目線でそれぞれができる範囲でできることをやる。そしてお互い支え合う関係であることが大切だと考えていたからだ。

連絡会は、世話人会のメンバーが良かったおかげでしだいに勢いづき、小規模多機能ケアの質向上のために取り組みは進化していった。現場の職員から各事業所の小規模多機能ケアの事例を聴きたいということから、年2回の実践事例発表会を開催することになった。これには、毎回100名前後の現場の職員が参加し、それぞれの事業所における課題や悩みの解決や気づきにつなげている。パイオニ

ア と言われる人たちの話を聴くことも必要だが、「自分たちが悩み、どうしたらいいのか分からない」「他の事業所はどのように対応しているのだろう」という何気ないことを、知りたいときに聞き合える環境づくりが必要であった。実践事例発表会もその一環であった。

さらに小規模多機能施設の最前線で働く現場職員同士が、カッコつけることなく、本音で話し合える場が必要だと考え、職員が一堂に会する企画として年1回忘年会をすることとした。参加費を安くし、かつできるだけ多くの職員が参加できるように、料理は各事業所で利用者に提供しているものを一品だけ持参してもらい、「自慢の一品」と称して振る舞ってもらった。今日の夕食のおかずを持参する事業所もいれば、忘年会のために腕を振るって持参してくる事業所もいた。さらに持ち寄った料理を会場で説明してもらい、「料理のレシピを教えて！」などという職員同士の会話も聞かれ、スタッフの自信につながるように仕掛けた。私たちが取り組んだ小規模多機能ケアの質を高める側面的支援は、事業所同士が切磋琢磨する環境をつくることができたと思っている。そして風呂敷の先端はずいぶん高くなり、その落差は縮まったと感じている。

3・6　認知症ＳＯＳネットワーク模擬訓練と地域づくり

介護保険制度が始まった翌年の２００１（H13）年、大牟田市では「地域全体で認知症の理解が深まり、認知症になっても尊厳と希望を持って安心して暮らし続けることのできるまちづくり」を目指して、大牟田市介護サービス事業者協議会の専門部会として「認知症ケア研究会（現・認知症ライフサポート研究会）」が発足した。この研究会には、地域の認知症に関わる介護事業所の職員や医療機関の専門職が参加し、市の長寿社会推進課に事務局を設置して、官民協働による「地域認知症ケアコミュニティ推進事業」の一環としてスタートした。取り組みにいたった背景には、２００２（H14）年に実施した認知症に関する実態調査があった。市内全世帯を対象に実施したこの調査において、認知症のことを正しく理解していないことによって、偏見や差別があるということが分かった。加えて、このアンケートで「地域で認知症の人を支える意識や仕組みが必要か?」という問いに対して、「思う」と答えた市民が8割を超える状況にあったことがきっかけとなっている。

地域認知症ケアコミュニティ推進事業は四つの事業で構成されている。一つ目は「認知症コーディネーター養成研修」である。認知症の人の尊厳を考え、本人本位の認知症ケアや支援の牽引役に加え、まちづくりの推進者として活躍できる人材育成を行うものである。二つ目は「もの忘れ予防・相談検診」である。認知症の早期発見と早期からの適切な支援を目的に、もの忘れ予防に加え、相談検診に取り組むものである。三つ目は「小中学校の絵本教室と認知症サポーター養成講座」である。認知症に対する偏見や差別をなくすために、子どもの頃から認知症の人の気持ちや支援について学ぶことを目的に、研究会のメンバーが市内の小中学校へ出向いて、絵本の読み聞かせとグループワークを行いながら啓発活動等を行うものある。四つ目は、「認知症ＳＯＳネットワーク模擬訓練」である。認知症になっても安心して外出できるマチを目指し、各小学校区が中心となって行方不明になった認知症の方を捜索する取り組みである。

なかでも「認知症 ＳＯＳ ネットワーク模擬訓練」は、認知症の人が行方不明になったという設定のもと、行方不明になった認知症の人を捜すためにさまざまな団体によって構成されたネットワーク（大牟田地区高齢者等 ＳＯＳ ネットワーク）を活用して、通報から捜索・声かけまでの流れ（「通報～連絡～捜索～発見・保護」）を訓練するものである。訓練を行っている間は、行方不明になった認知症高齢者の役を役者顔負けの参加者が演じ、見ず知らずの市民から声がかかるのを待ちながら市内を歩き回る。こうして、実際に自分たちの校区でどれくらいの人から声をかけられるのかを検証し、校区自治のあり方などを考えるきっかけとなっている。いわゆる地域住民同士でお互いに関心を持ち、ひいては住民力と地域力を高めることによって、認知症の人も安心して暮らせるまちづくりを目指している。ちなみに、徘徊という言葉を２０１０（Ｈ22）年まで使っていたが、認知症の人は昔の記憶をたどり、本人としては目的を持って外出をしており、本人の立場を考えると徘徊という目的もなくうろうろ歩き回るという意味の言葉は適当ではないとのことから、「認知症ＳＯＳネットワーク模擬訓練」から「ほっとあんしんネットワーク模擬訓練」に名称を変更している。

この模擬訓練は、２００４（H16）年、駛馬南小学校区で高齢者総合ケアセンターを運営する社会福祉法人東翔会が地域住民と共に開催したことをきっかけに、その後、全市的な取り組みとするために市が主催することとなった。２００７（H19）年には７小学校校区に広がり、２０１０（H22）年には市内の全小学校校区で開催されるようになった。ちょうどこの頃、福祉部局に在籍していた私は、その過程の紆余曲折も見てきた。最初から校区の住民が主体性をもって企画運営に関わり開催できたわけではない。模擬訓練を開催するには、認知症に対する校区役員と住民の理解に加え、黒子となって関わる地域包括支援センターや行政、そして地域密着型サービス事業者による合意形成が必要となる。さらにこの合意形成に加え、具体の準備など模擬訓練の事務局として重要な役割を担ったのが、前に紹介した地域密着型サービスの事業所である。事前準備の会議は地域の拠点である地域交流施設で開催され、当日の訓練でも地域交流施設がさまざまな情報が集約される拠点として活用された。こうしたことから私は、単なる介護サービスを提供する小規模多機能型居宅介護施設と呼ばず、地域で暮らすさまざまな高齢者のための支援施設ということから、「小規模多機能サービス拠点」と呼んでいる。

初めて取り組んだ大牟田小学校区における模擬訓練終了後、参加した住民と地域の公民館で豚汁を食べながら反省会を行った。参加者からは、「認知症に対して地域の関心度は非常に低く、協力的ではない。むしろ偏見や差別的な意見もあり、他人事だったのが残念だった」「模擬訓練

初めて取り組んだ認知症SOSネットワーク模擬訓練の反省会(大牟田小学校区)

小学校区(＝日常生活圏域)単位で行われる模擬訓練による効果⇒地域力と住民力が高まる

は、事前に回覧板や市の広報誌で周知されていたが、関心を示す住民が少なく、訓練を繰り返すことで住民の認知度が上がると思う」「訓練が目的ではなく、実際に徘徊があったときにどうするかという視点でのシステムづくりが大切」「メール機能を最大限活かしつつ、電話連絡の効果を最大限に発揮できるような仕組みづくりをする必要がある」という意見があった。

一番うれしかったのは、「初めて事務局(本部)として関わったが、すべて事務局(福祉事業者)任せにしていた。来年度は自分たちも役割を持ち、積極的に関わりたい」と地域住民である実行委員から声があったことだ。このように住民の意識に変化をもたらしたことは最大の効果であり、地域のことを一緒に考えることのできる仲間が増えたことにある。「地域で暮らすということ」は、日常生活圏域である小学校区という自治の原単位の地域力と住民力が高まることであり、地域で居心地よく暮らすためには、住民自らが参加できるマチであることが大切なのかもしれない。

第4章　多様な住民のために手を尽くせ——市営住宅と居住支援

4・1　二つのミッションとガラパゴス化した職場環境

２０１１（H23）年、福祉部局での武者修行を終え、古巣の建築住宅課に課長として着任することになった。５年前にいた職員も入れ替わり、ずいぶん様変わりしていた。課長として着任したものの、何から手をつけていいのか分からず浮足立っていたことを覚えている。着任後数日が経つと、複数の職員から職場の問題や課題を投げかけられる。一方で問題課題を投げかけた職員の仕事ぶりを見てみると、旧態依然とした仕事のやり方で「変化」や「効率化」という言葉は見当たらなかった。このように業務の問題に加え、人の問題も課題山積しており、建築住宅課丸という船は乗組員がバラバラに行動し野放し状態にあった。そこで、職員一人一人の仕事に対する考え方と人となりを知ろうと個人面談を始めた。一人当たり30分程度の面談時間を設定し、正規職員にかぎらず、嘱託職員や臨時職員を含むすべての職員に行った。面談は長い職員で１時間を超える職員もいた。ある職員は他の担当の業務がうまく回っていないと他人事のようにつぶやく。またクレーム対応や時間外勤務によりメンタルを病んで休んでいたなど、それぞれの職員の抱えている問題がたくさん噴出してきた。さらに時間外勤務は年間６００時間から４００時間台が４人もいるなど、当時の職場はかなり疲弊し、覇気のない状況だった。

こんな状況だったが、私は異動してやりたいことが二つあった。一つめは、「空き家対策」である。福祉部局で整備を進めてきた小規模多機能施設のほとんどは、新築による計画ばかりだった。新築の利点がたくさんあることも理解できるが、市内には新しいものから古いものまで多くの空き家が見受けられ、わざわざ高い建設コストをかけて新築しなくても、空き家を活用（改修）し、住宅の「におい」のする民家改修型の福祉施設に整備ができないか考えていた。現に他都市では空き家を小規模多機能施設にリノベーションする事例はたくさんあった。当時の大牟田市で進まなかった理由には、不動産事業者や空き家所有者には、もともと「住宅」として使われていた空き家は、「住宅」として貸すといった概念しかなく、小規模多機能等の福祉施設に利用するといった発想がなかったからだと思った。その他定期借地契約によるさまざまな貸し方はあるがそうした情報が行き届いていないといった課題なども考えられた。

一方、住宅部局で策定した住宅マスタープランの施策には、「中古住宅の流通促進」と明確に書いてある。にもかかわらず、具体の取り組みにいたっていない状況だった。貧乏性の私には「空き家がもったいない！」という発想しかなく、できれば空き家を住宅政策の俎上に乗せ、小規模な福祉施設や住宅を確保することができない人たちの住まいとして中古市場で流通できないかと考えていた。つまりニーズ側に立って、増加する空き家対策を進められたらと思っていた。

だが、具体の空き家対策を進めるためには、市内の空き家の実態を正確に把握しなければならない。唯一の参考となる統計資料は、5年ごとに行われる「住宅・土地統計調査」という調査である。ところがこの調査は市内の部分的なエリアを抽出して調査が行われるため、集計された数値は実数ではなく推計値の結果となっている。つまり、市内のどこに、どのような物件があるかまでは分からない。まずは、そうした空き家の実態と状態を正確に把握する必要があった。しかしながら、当時の大牟田市には市内の空き家を全数調査するお金がなかったのだ。

二つめは、「市営住宅の戸数を減らすことと管理運営の効率化」である。市営住宅を所有していると、おおむね15〜20年ごとに外壁や屋上の塗り替えなどが発生し、建物の寿命まで多額の行政コストをかけて半永久的に管理しなくてはならない。建物の改修費の半分程度は国費（補助金）を活用して工事を行うものの、半分は市の借金（厳密に言うとちょっと違う）である。ところがここ数年、この国費の配分額は徐々に減少しており、この国費がいつまで充当されるのか不安すら感じるようになった。一方、当時の大牟田市内には約5万戸の住宅が存在し、うち9千戸ほどの空き家があることは多くの職員が知っていた。にもかかわらず、わずか3千戸弱の市営住宅の整備や管理に十数名もの職員が配置されており、時代に合わなくなった大量の市営住宅を維持することに何ら疑問も感じていない状況だった。加えて住宅が不足している時代ならともかく、建築技術者のなかには市営住宅の整備が住宅政策のマストだという考えを持った職員がいる。こうした考えを持つ職員は、大牟田市にかぎらず全国の行政建築技術者にたくさん存在する。だが、大牟田市の人口減少は止まらない。人口数に合わせて職員数は減少せざるを得ない状況になっている。これからの行政運営の効率化を勘案すると、公的住宅の整備や管理のあり方を見直すことは必須の要件だった。そこで、今の時代にふさわしい住宅政策に取り組むため、民間でできることは民間でという考えのもと指定管理者制度の導入に取り組むこととした。

4・2 市営住宅は福祉の宝庫!

こうして二つのテーマを掲げて着任したものの、シナリオどおりには進まなかった。これから本格的な夏を迎えようとする6月、市営住宅に入居する単身56歳男性の孤独死に遭遇することになる。昼ご飯を食べて自席でうとうとしていたときに市営住宅管理担当の電話が鳴る。入居者の世話が行き届くX団地の管理人さんからであった。5棟の◯◯号室から異臭がし、廊下に面する換気口にハエが集まっているという内容だった。電話で応対した担当職員は、すぐに室内死亡と察知し、警察に連絡を入れた後、私も職員と一緒に合鍵と大きな番線カッター(玄関のチェーンを切るため)を手に現場へ向かった。ちなみに、大牟田市の市営住宅では、以前からすべての入居者の合鍵を預かることとしており、こうした緊急時の対応に備えている。

私たちは現場へ到着したが、警察官はまだ来ていなかった。第一発見者になると、後々面倒くさいことになるので、しばらく待っていると2人の警察官が到着する。持参した合鍵で開錠すると、警察官を先頭に室内に入った。強烈な異臭のなか、奥へ進んでいくと、カーテンが閉められたままの暗い部屋の布団の上に黒ずんだ遺体が横たわっていた。強烈な異臭のため、室内には1分もいることができなかった。初めて孤独死に遭遇したのである。検視が終わり、私たちも現場を後にした。異臭は帰庁後も鼻の奥にまで残っており、石鹸で何回洗っても取れなかった。その後の検屍により事件性はなかったものの、死後1週間から10日経過していたとのことだった。その後も、当時管理していた計3千戸近くある団地でこうした孤独死が発生した。私が異動してきてから急に増えた!との冗談話があるなか、高齢単身化が進む今日において、孤独死の発生は仕方ないと思いつつ、何とかして発見を早めることができないか考えることになる。

ちなみに、亡くなられた方の親族により、しばらくの間大量の消臭剤を置かれたが、異臭は取れなかった。その後退去手続きが取られ空き家となるが、規定により、当該住戸の募集は1年間停止となり、1年後の定期募集にかけて入居者を決定することになるが、この物件は、事故物件として公募されることになった。改修にかかる費用もさることながら、1年間の家賃が入らないのは痛手だった。

また、精神障がい者の入居者にはよく悩まされた。市営住宅に入居されていた精神疾患の60歳女性に対応したケースである。この女性の取った行動は、同じ棟の住民を敵視し、さまざまな因縁をつけるというものだった。自宅の玄関ドアの外側に「どこまで馬鹿にすればいいのか。お前は人間として最低な女だ」「インドの国王を殺してお前はまだ死なぬか」等と書いたメモを貼ったりしてした。さらに水が止められており、階段室型の集合住宅である1階の足洗い場から5階の自宅にホースを引いてお皿を洗ったり、水洗トイレのタンクに水を溜めたりしていたのである。私たちには想像できない出来事が数年にわたって繰り返されたが、退去のきっかけとなった最後の行動は、5階から物を投げるという自傷他害の行為だった。その結果、警察が介入することになり、医療措置入院となったのである。

この数年間、私たちも見て見ぬふりをしていたわけではない。この女性に対して何らかの対応や支援はできないかと、市福祉部局の障がい福祉担当の保健師に相談したところ、「私たちは（精神保健及び精神障害者福祉に関する法律）24条の警察官による通報がないと動けない」とはっきりと断られたのである。しかしながら、運よくこの女性を幼いときから知っているという社会福祉法人の関係者から、裕福な家庭で育ったお嬢様だったという過去のことも含めて、いろんな話を聴くことができた。加えて、たまたま本人が近くの地域包括支援センターに毎日のように通い、さまざまな難癖をつけていたこともあり、

自宅の玄関に貼られたメモ

通常であれば地域包括は65歳以上でないと対応できないと言いながらも、地域包括支援センターの職員が一緒に動いてくれた。こうして本人を中心とした専門職や関係機関による支援のネットワークが生まれることになる。

改めて考えてみると、市営住宅を管理する担当職員は一般的に役所の事務職員である。社会福祉士のような専門職が対応するならば、インテーク（最初の面接）しだいで、その対応は変わってくると感じていた。しかしながら、そうした専門職が配置されていない事務職員の現実の対応は、近隣住民からのクレームがあるなか、「他入居者に迷惑をかけるのだったら、出て行け！」としかならない。なぜなら、市営住宅の管理担当職員はハコモノを管理しているだけで、その人の表面上の問題しか捉えることができず、本当に必要な対応や支援の方法が分からないのである。仮にそうした研修を一度や二度受けたところで、専門職みたいなアプローチはできないだろう。かつての市営住宅は住宅すごろくの一つであり、持ち家を持つまでのステージの一つであった。しかしながら、高齢化が進み、市営住宅入居者の過半を高齢者が占めるようになった今日、市営住宅はまさに福祉問題の宝庫であると言っても過言でない。

このように市営住宅の入居者の属性が変化しているにもかかわらず、大牟田市以外の自治体でもそのことに気づいていない住宅部局は数多く存在する。こうした変化に気づいていない担当職員は、少ない人員で業務をこなしており、ハコの供給・管理をするだけで大変なのに、入居者の生活（生活支援）まで持って来られても対処しようがないと言うだろう。一方で問題意識を持ち、まじめに必死で対応しようとする職員は、自ら問題を抱え込み、疲弊し、メンタルを病むことも想定される。つまり「出て行け！」だけでは、誰一人としてWｉｎになることができず、根本的な解決にならないのである。ちなみに、福祉部局に在籍していたときから、市営住宅管理担当のある職員には、「地域包括には専門職がいるから、高齢者の問題や精神障がい者によるトラブルなど、何か困ったことがあったら相談を持ってきてもいいバイ」と言っていた。そうすることで、素人職員が問題を抱え込まずにすみ、仕事が楽になると考えていた。つまり、福祉部局と住宅部局が連携することで、問題の解決の仕方や対応が変わってくるのである。

4・3　市営住宅入居者から学んだ居住支援の必要性

クレーム対応は数時間に及ぶことがしばしばあり、長いときは朝から昼過ぎまで対応しなければならないときもある。人件費に換算するとその額は相当なものとなり、無駄にコストがかかる。悪質なクレームには警察を呼ぶことも可能だが、その時点で入居者との信頼関係は崩れてしまう。クレームにならないようにするための方策はないものか思案した。

そこで、「なぜ、住民間でトラブルが起こるのか」「なぜ、孤独死が発生するのか」「なぜ、家賃や共益費を滞納するのか」等々、表面上の事象だけ見るのではなく、こうしたトラブルが起こるさまざまな原因を考えてみた。その背景は、生活に困っているからか？一人暮らしで寂しいのか？認知症や精神疾患などの病気なのか？親身になって相談に乗ってくれる人や支援してくれる人がいないからなのか？団地内に支え合う仕組みがないからか？団地内コミュニティに問題があるのか？家族に問題があるのか？職員の対応が悪いのか？など、考えれば切りがなかった。

いずれにしてもこうした問題を市営住宅の管理担当だけの問題にしてはならないと思い、課内で解決できないケースについては福祉部局などの関係部局と情報を共有し、「つなぐ」といった道筋をつくり、職員同士が気軽に連携できるような体制となった。この連携がうまくいった背景には、全国でもあまり例を見ない建築系技術職が福祉部局へ異動するという人事交流を受け入れてくれた当時の古賀道雄市長や人事課の柔軟な対応があったからこそだと思っている。加えて福祉部局に在籍した経験から、福祉部局の忙しさと住宅部局の特殊性など、双方の事情を知ることになり、お互いがお互いのことを知る、あるいは知ろうとする努力が必要だということを学んだのである。

ド素人の住宅部局の行政職員だからこそできる居住支援がある。入居者の異変に早い段階から気づくことができるのは市営住宅管理担当の職員である。なぜなら、近隣住民からクレームがあるからだ。今回の精神障がい者のケースではしばらくたって保健師に相談して断られたものの、早い段階から、専門職団体や関係機関が情報を共有し、異常と思われる行動に対して、受診支援や服薬管理などの何らかのサポートがあると、こうした状況にまではならなかったのではないだろうか。これからの市営住宅の管理では、入居者の生活を見るといった視点を養う必要があるだろう。そして福祉的な対応が求められるケースが発生するだろう。こうしたことに早く気づき、相談やクレームがあったときに、「つなぐ」ということを意識し、行動に移すことが必要ではないだろうか。ちっぽけなプライドを捨てて、この「つなぐ」という情報連携を実践してみると、意外と業務が楽になるかもしれない。

市営住宅入居者のなかには生活保護を受給している世帯もいる。憲法で保障されているとはいえ、市内には多くの空き家があるなか、住宅を確保するために市営住宅で支援する必要があるのか、正直なところ疑問に思っていた。生活保護部局も住宅を確保するために、安易に市営住宅の入居を進めている現状だった。しかしながら市営住宅ではなく、民間の賃貸住宅や空き家を公営住宅並みの家賃で貸すことができれば、家賃収入が入ってくる所有者にとってもＷｉｎとなる。加えて空き家を少しでも減らすことができれば、市の住宅政策である空き家対策にとってもＷｉｎとなる。さらに部局によって異なる政策を行政コストというフィルターを通した鳥の眼で見ることで、膨れていく社会保障費をもう一度再点検することも可能となる。住宅扶助が支給する住宅という器は、市営住宅とか民間住宅とかを選ばない。むしろ空き家対策を掲げるマチにとって、防犯や防災、景観といった観点からは、Win-Winの関係性が築けるのではないだろうか。

4・4 市営住宅のハコモノ管理から脱却し、住宅政策集団へ

不在の5年の間に住宅マスタープランができていた。立派に作成されていたものの、国が示す政策を踏襲したコンサル任せの金太郎飴みたいな内容である。この内容にも問題があるが、策定した以上この内容で施策を進めていくしかない。この計画に掲げた施策が進んでいるかというと、さまざまな施策を掲げているものの、市営住宅の借上制度の導入についてのみ検討されており、いまだ旧態依然とした市営住宅の取り組みが住宅政策だと言わんばかりの状況だった。それもそのはず、住宅政策の推進を一人の担当者に任せっきりにしており、他の職員は計画すら見たこともない職員ばかりで、課全体で取り組むことをしていなかったのである。その背景には、計画を作ることが目的となっており、目標に掲げた施策を推進するためにどのような体制で取り組むかまったく考えていないのである。基本目標や施策目標までは、「庁内関係部局等と連携し、○○を検討します」や「豊かなまちづくりを目指して、○○に努めます」と素晴らしい文言を並べているが、次項以降に記載のある具体の成果指標では、思いっきりトーンダウンしているのが見てとれる。つまり、現実的な推進体制まで検討できていないために、手が届きそうな無難な数値で

収まっている。おそらく全国の自治体でも「計画を作って安心！」といったケースは少なくないだろう。

計画策定したときは、ああでもない、こうでもないと議論を重ね、策定担当者は一生懸命に計画を作っただろうが、その後、出来あがった計画を見た新しい住宅政策担当者は、計画に記載された基本方針や目標設定の背景まで正確に把握せず、成果目標の部分だけ見て、自分がやりやすい分野（市営住宅）にのみ取り組んでいたのである。公共施設の営繕や市営住宅の整備しか経験したことのない職員にとって、改めて住宅政策を担当しろと言われても、教えてくれる上司や先輩もいないため、市営住宅を住宅政策のマストとして取り組むしかなかったのだろう。

こうした状況から、住宅政策の推進をマストに掲げ、担当者を一人ぼっちにせず、課全体で取り組むこととした。具体の手法として、住宅政策の推進と市営住宅におけるさまざまな課題を解決するために、各担当から職員を2名ずつ出してもらい、課内にプロジェクトチームを作ることとした。初年度は「市営住宅指定管理者導入検討」「空き家活用」の2チームで取り組んだ。選出された職員は、通常業務に加えて、このプロジェクトチームの業務にも携わることになる。このプロジェクトチームの目的は、課長になったときからイメージしていたもので、管理職として職員の人材育成を考えたものである。前述したように、大牟田市は人口減少や財政が厳しくなる状況のなか、単に技術を知っているだけの行政職員ではなく、技術系職員だからこそ住宅をはじめその他の政策にも関わることのできる職員を育成しようと考えたのである。このプロジェクトチームの取り組みは、私の想定をはるかに超えて盛り上がりを見せることとなった。翌年、メンバー選定の際に、職員自らからプロジェクトチームに入らせて欲しいという声が上がり、市営住宅管理の問題や当時の住宅マスタープランにおける具体の推進策など、自分たちでテーマを決めて取り組むようになった。さらに翌々年には、ほぼすべての職員がどこかのチームに参加し、住宅政策に積極的に取り組んでくれるようになったのである。これが、大牟田市建築住宅課におけるいわゆる居住支援の取り組みの序章だった。

4・5　市営住宅指定管理者制度の導入

もう一つのミッションである「市営住宅の戸数を減らすことと管理運営の効率化」の方策は指定管理者制度導入である。とは言ったものの、市営住宅は他の公の施設とは異なり、単なる施設管理という性格ではなく、入居者の生活の場であり入居者のプライバシーに関わるという特性を有している。加えて、市営住宅は住宅セーフティネットの中核として、住宅に困窮する人へ低廉な家賃で適切な住宅を供給することを目的としており、制度を導入するには慎重な対応が求められた。こうしたなか、市営住宅指定管理者制度の導入について、過去に一度だけ検討された経緯があることを後々知った。２００３（Ｈ15）年９月の地方自治法の改正にともない、２００５（Ｈ17）年８月、「公の施設」の管理における「大牟田市指定管理者導入に関する基本方針」が策定された。このなかで市営住宅においては、条件整備を行い、２００８（Ｈ20）年度以降に指定管理者制度導入を目指す施設と位置づけられていた。市営住宅の管理手法には、指定管理者制度と管理代行制度による方法があり、２００５（Ｈ17）年、福岡県、福岡県住宅供給公社と協議した経過があった。当時の記録では、市内に県営住宅も多く存在し、市民からすると福岡県住宅供給公社による一括管理による管理代行制度に移行したほうが効率的だということから、２００９（Ｈ21）年度から福岡県住宅供給公社による管理代行制度を導入する方向で決まっていた。福祉部局にいた私はこのことを知らずに、勝手に自分のミッションとして掲げ、火中の栗を拾うヤツになっていた。一方、担当職員はそんな協議があったことを知ってか知らでか、その後、管理代行制度も指定管理者制度も棚上げされたまま、何の問題意識もなく、当たり前のように市が直営で管理していたのだ。加えて私が着任した際には市営住宅の管理担当からそうした話は一切なく、プロジェクトチームを作って初めて知ることになる。変化を嫌う公務員の特性からして仕方ないことだが、改めて過去の協議資料を引っ張り出して内容を検証した。

一方プロジェクトチームでは、すでに大牟田市の市営住宅管理の現状と課題を踏まえ、市営住宅の役割や機能、市民サービスとしてのあり方、管理運営の効率化等を検証し、指定管理者制度の導入可能性調査を進めていたのである。

プロジェクトチームメンバーの尽力によって、２０１１（H23）年11月には中間報告がまとめられた。さらに最終報告書として完成させるために、指定管理者による安定的な管理や公平性・信頼性の確保、配慮を必要とする福祉的対応、管理コストの縮減、さらに入居者の個人情報の取り扱いなど指定管理者制度導入のさまざまな課題を整理し、２０１２（H24）年度当初にまとめることができた。その後、指定管理者制度は導入する方向で課内で一致し、途中人事異動などによりプロジェクトチームメンバーは変わったものの、導入作業はあっという間に進み、条例改正や議会への説明などは、説明当日の朝に資料を読み流す程度で、正直なところ、行き当たりばったりの状況のなか、プロジェクトチームの作業に追いつくのがやっとだったのを覚えている。

その後、募集要項を作成し、条例改正といったいくつかの庁内協議と手続きを終え、２０１３（H25）年４月、指定管理者の募集を始めることとなった。大牟田市には住宅供給公社等といった組織はないため、市内外の民間事業所を対象に募集するしかなかった。結果、市内でビル管理や不動産関係の事業をしている事業者３社から応募があり、１次審査の書類審査をへて、２次審査のプレゼンテーションという流れである。ここでも、新地東ひまわり住宅の福祉施設における事業者選考の際に行ったプレゼンテーションの手法が用いられていた。選定する所管は違うが市で初めて導入した手法がここでも活用されていたのだ。産みの苦労は一言では言い表せないが、時代に適していたからこそ、導入しているのだろう。前例をつくった私は、「しめしめ！」とひそかに思ったのは言うまでもない。

さらに大牟田市で導入した指定管理者制度の仕様書は他都市と大きく異なる点がある。高齢化が進展している市営住宅は、高齢単身世帯や高齢夫婦世帯の増加による孤独死や買い物難民などさまざまな問題を抱えていた。こうした状況から、市では1年前から南橘市営住宅をモデル団地に設定し、入居者自らが中心となった自助・互助による団地内コミュニティの活性化事業に取り組んでいた。これからの市営住宅の運営には、住宅という「器」の提供や管理だけでなく、入居者の生活に寄り添った支援がきわめて重要な視点であると考え、指定管理者の募集要項（仕様書）に、市や関係機関と連携し、自治会活動の支援（住民力の向上）に積極的に取り組むことを明記したのだ。

当時、九州管内の自治体で指定管理者制度を導入していたのは、県庁所在地のほか政令市などの10ぐらいしかなかった。加えて福岡県内では公社等以外の民間企業が受託したのは初めてだった。民間でできることは民間でという考え方は、それぞれが持っている能力、資源、ノウハウなどを持ち寄り、市民と行政が一緒になって、総合的なチカラをつけていくことを目指している。私が考えた指定管理者制度の導入は、単なる管理委託の業務委託ではない。大牟田が強くなるために、そして大牟田が住みやすいマチになるために、同じ意識を共有できる大切なパートナーを選定するものだった。公平な審査により、市内でビル管理業を営む民間企業が選定された。議会議決をへて、半年間の引き継ぎを終え、4月から指定管理者による市営住宅の管理が始まった。導入当初は、入居者からさまざまな評価をいただいたが、時間が経過するにつれ、指定管理者の努力でサービスが格段に向上したことにより、導入の成果は出てきた。加えて、市営住宅の窓口を担当していた職員からは、「クレームなどがなくなり仕事が楽になった」という声まで聞こえるようになった。また同じ意識を共有できる大切なパートナーであることから、月1回開催していた定例会は、私のなかでは業務の優先度が高く自ら出席して市営住宅の管理状況を把握していた。

こうして指定管理者制度導入後も大切なパートナーとしてお付き合いし、そして一定の成果を見せてきたが、危惧する点が一つだけある。後任の担当者には目の前の業務として引き継がれるが、導入当時の想いや考え方は引き継がれない。担当が変わるたびに薄れてくるのが役所である。とくにパートナーであるという価値観が薄れると、委託する側と受託する側の関係性になってしまい、市の担当職員は上から目線でモノゴトを言うようになる。このようにならないために、業務の本質を知ることが大切なのだ。指定管理者制度導入時には組合交渉もやった。いや、いつの間にかやる羽目になっていた。しかも私一人対二十数名の職員を相手にしてだ。この交渉では、導入のリスクについて、「たられば」を含めてさまざまな意見があった。「指定管理者制度の委託には一定の期間が決められており、更新時に違う事業者がなった場合、業務の一貫性を求められ市が関与しなければならない」「更新時に応募がなかった場合、実際の業務をやっていないので混乱を招く」「指定管理者が年度途中で倒産した場合、どのように対応するのか」など、業務の継続性の意見がほとんどだった。こうした危機管理能力に長けているのが行政職員の特徴である。

だが、指定管理者制度を導入したもう一つの背景には、多様化・高度化する市民ニーズに対応するために、行政しかできない業務が今後も増え続けることがある。この業務を少ない人員でやらなければならないのである。仮に、現在の指定管理者が手を引いた場合を想定すると、担当職員は導入時の大切な考え方であるパートナーの意味を理解せず、そして自らそうした事態を招いた責任を棚に上げ、誰かのせいにして逃げていくだろう。こうしたことにならないためにも、一人一人の職員が公共の利益を考え、行動できるようになることが求められる。それができない自治体には未来がないだろう。

4･6　建替で生じた団地敷地の余剰地に福祉施設を誘致——「ケアタウンたちばな」の整備

建築住宅課で取り組んだ市営住宅のコミュニティ支援は、新地東ひまわり住宅だけではない。先に紹介した新地東ひまわり住宅では、建替構想のときから福祉事業者と共にコミュニティ活性化に取り組んできたが、ここで紹介する北部地区市営住宅は、１９８８（S63）年から20年をか

建て替え前の北部地区市営住宅の一部

けて建替が完了した団地である。高齢化の進展等により自治会役員のなり手がなく、団地内コミュニティが衰退している現状を改善するコミュニティ再構築の取り組みについて紹介する。

北部地区公営住宅は、市の中心部から6キロぐらいの場所に位置し、周辺は住宅地が一帯に広がり、本市の郊外型のベッドタウンとして位置づけられる。日常生活圏域である吉野小学校区内の人口は、約1万5千〜1万6千人、約8千世帯であり、市内で唯一、人口、世帯数とも増加傾向にある校区であった。

団地および周辺の地形はわずかな高低差はあるものの、なだらかな丘陵地帯であり、2011（H23）年春に開業した九州新幹線の新大牟田駅が近接する。加えて、徒歩圏にスーパーもあり、その他コンビニや物販店舗・飲食店も存在する。また診療所や総合病院が1キロ圏内に複数あり、日常生活を送るうえでは、不自由のない地域である。

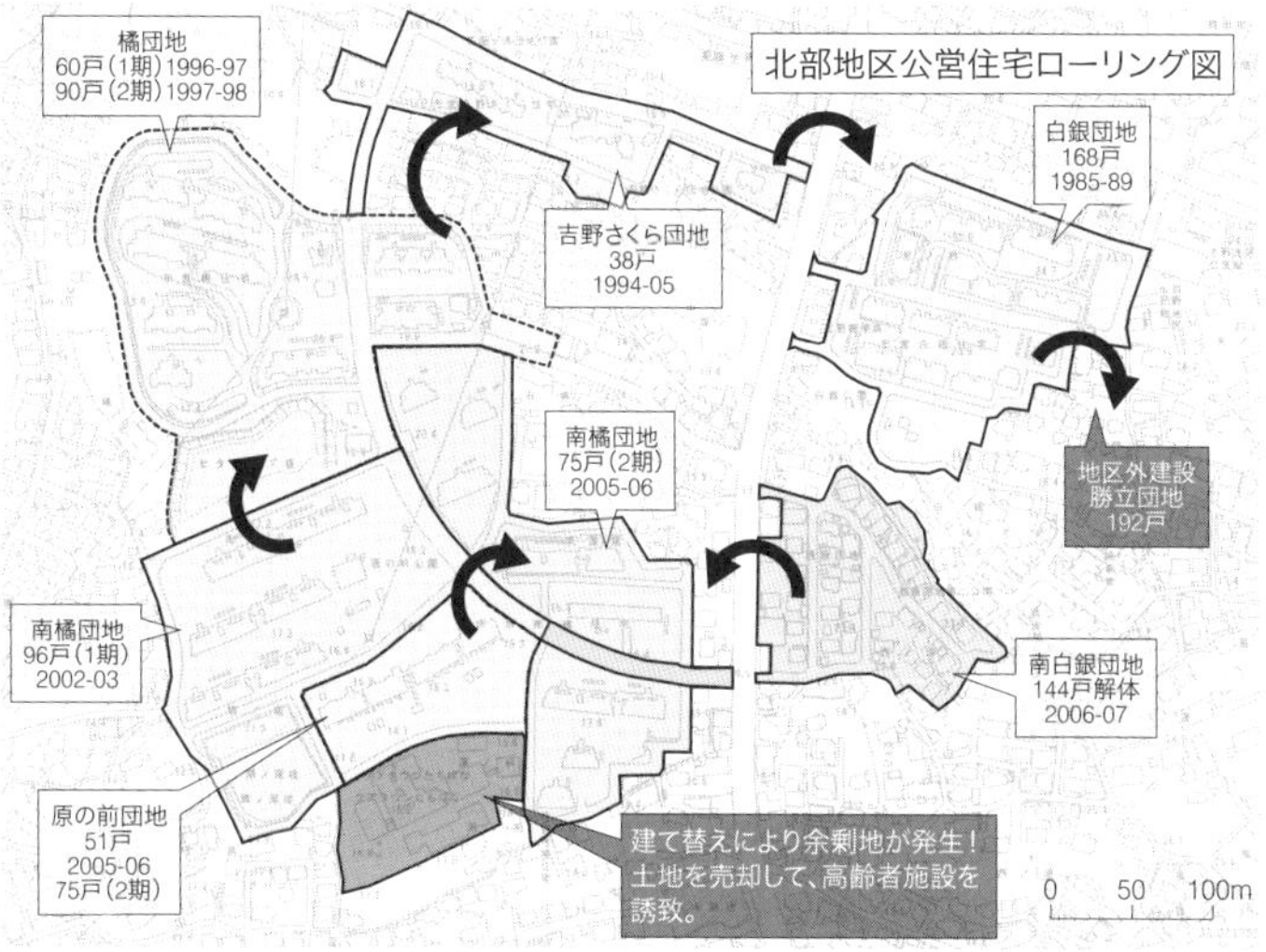

図 4･1　北部地区公営住宅建替事業（約 860 戸、（昭和 20 年代後半～ 30 年代の木造平屋建）⇒ 578 戸（地区外除く））（ベースの地図出典：おおむた地図ナビ）

住宅地として発展してきたこの地域には、昭和20年代後半～30年代に建設された木造平屋建てや主要構造部は準耐火構造ではないが耐火性がある建築物である簡易耐火2階建ての市営住宅が広がっていた。建替前は、白銀・吉野さくら・橘・南橘・原の前・南白銀の6団地から構成され、合計約860戸を有する大規模市営住宅団地であった。市ではこの老朽化した市営住宅の建替事業に1988（S63）年から着手することになる。当時は多くの住民から反対運動があったとのことだったが、建替事業が進むにつれ、建物が完成しては次の団地入居者が移転するというローリング（反時計回り）作業を繰り返しながら進んでいった（図4・1）。

建替事業を継続して20年も取り組んでいると、国の住宅政策も変化していった。建替事業に着手した前半は、国の量的政策のなか、従前戸数の１・7倍の戸数を確保することが建替要件であったため、一般募集も行いながら多世代が混在する団地として整備した。しかしながら、住宅政策は量から質への転換が図られ、事業が10年近く経過すると建替戸数は従前戸数の１・０倍に緩和され、さらに最後の対象団地では、従前入居者の戸数を確保することで建替が可能となった。

一方、移転対象者である現入居者も高齢化が進み、移転の意向を聞くと、子どもから同居を誘われ引っ越すという高齢者や介護施設に入所するという高齢者などの声もあり、移転対象者が減少し、整備戸数は当初計画から大幅に減っていった。私たちは、最後の団地整備にあたって3階建ての建物計画を2階建てにして敷地を余すことなく使うか、あるいは3階建てのままとして余剰地を庁内で活用するか売却するかの検討を行った。結果は、本市の逼迫した財政事情もあり売却されることになった。私たちの手から離れ、行政財産から普通財産となり、市有財産を所管する部署に所管替えとなった余剰地は、宅地造成によって戸建て住宅用地にも活用できるし、福祉施設を整備することもできる用地として、民間事業者に売却されることとなった。

こうして、20年という長期にわたった北部地区公営住宅建替事業は、国の住宅政策の変遷と共に歩み続け、新しく更新した団地の総戸数は約５８０戸と減少したものの、エレベーターが設置されるなど高齢者にとっての住環境は以前に比べはるかに改善した。２００７（H19）年3月、単身世帯および高齢夫婦世帯向けが大半を占める、言わば公が供給する高齢者専用賃貸住宅と言えるような住宅51戸を完成させ、ハード面の幕を閉じることになる。

大規模な団地の更新を終了したものの、私には一つだけ心残りなことがあった。１９９６（H８）年に私が作成した約８ヘクタールの建替団地の全体基本計画図案には、将来の超高齢社会をイメージして高齢者福祉施設を計画していたが、閉山対策によって別の団地整備を担当していた間に、この高齢者福祉施設が計画から消されて事業承認がされていたのである。バリアフリー化の整備によってハード面の安心は確保したものの、移転にともなうコミュニティの再構築や団地内自治活動の問題、ＡＤＬ低下による閉じこもりなど、入居者の高齢化にともなう高齢者の在宅生活の安定には、介護や福祉といった暮らしを支援するサービスを付加することが必要なことは容易に想像できた。自立している人たちにとっては、福祉施設は今すぐ必要ではないかもしれないが、間近に迫る高齢者の不安解消のためのサービスを、地域の仕組みとして構築できないかと考えていた。

さて、ここからがソフトの仕掛けが始まる。普通財産となったこの用地が売却されるという情報が公表された当時、第３期介護保険事業計画では、地域密着型サービスの積極的な整備に加え、既存の特別養護老人ホームの個室・ユニット化などが整備方針として盛り込まれていた。こうした背景もあり、当時福祉部局に在籍していた私は、近くに１１０床の特別養護老人ホームを持つ社会福祉法人天光会（理事長：城戸嘉男氏）の堤公子施設長に、この用地でのサテライト型地域密着型特別養護老人ホーム整備の話を持ちかけ、地域住民が日常生活の暮らしの安心を享受できる環境整備と団地が終の棲家となりうるための福祉施設の整備に理解を求めた。一方、北部地区に社会福祉施設等のインフラが少なかったこともあり、この余剰地を売却する際の公募要件に福祉的活用に提供するように財産所管課に理解を求めた。しかし残念なことになかなか首を縦に振ってくれなかった。結果として使用用途を限定した入札とはならなかったが、堤公子施設長の英断により、一般公募による競争入札によって社会福祉法人天光会が落札し購入することが実現した。

さらに、福祉施設の整備にあたってはいくつかのハードルを越える必要があった。当時、特別養護老人ホーム天光園では、集団ケアを行っており、ユニットによる個別ケアを経験した職員はほとんどいなかった。建物は個室ユニット型で整備したものの、ケアがそのままだと意味がない。そこで、当時お付き合いのあった山口健太郎先生（現近畿大学建築学部教授）に相談し、施設整備とケアの両面から天光会の改革に協力していただくことになった。福祉施設のハコモノ整備が進められる一方で、勤務終了後にスタッフが一堂に会し、個別ケアの勉強会やワークショップなどを通して、再スタートする天光園におけるケアのあり方を一生懸命に学んでおられたのを記憶している。そのほか、さまざまなハードルを乗り越え、２００８（H20）年、建替事業で生まれた余剰地には、「地域密着」「多機能」「地域交流拠点機能」をコンセプトとした、地域のための複合型福祉拠点「ケアタウンたちばな」が完成した。

4・7　「地域」という「ヨコ(面)」のつながりを結ぶ拠点となった南橘市営住宅

この「ケアタウンたちばな」には、大牟田市初のサテライト型地域密着型特別養護老人ホーム(2ユニット、定員20名)のほか、小規模多機能型居宅介護(登録25名)、認知症対応型通所介護(定員11名)、訪問介護事業所、介護予防・相談センター、居宅介護支援事業所が整備された。

第1期工事では、隣接する南橘市営住宅に面して地域交流施設を配置し、この交流棟を囲むように構内道路を設け、その外側に入居棟、通所棟、管理棟を木造平屋で分散配置し、周囲の町並みを敷地内へ取り込もうとする計画となっている。さらに2期工事では、福祉サービスの幅を広げるために、木造2階建てのサービス付き高齢者向け住宅「たちばな荘」を増築している。また分散化する施設全体の厨房機能としてセントラルキッチンを増築し、天光園本体の食事の提供に加えて、地域住民へのニーズに応えるために配食サービスも行い、北部地域を中心とした多様な福祉サービスを展開しているところである(図4・2)。

このケアタウンたちばなには、介護サービスといったフォーマルサービス以外にもインフォー

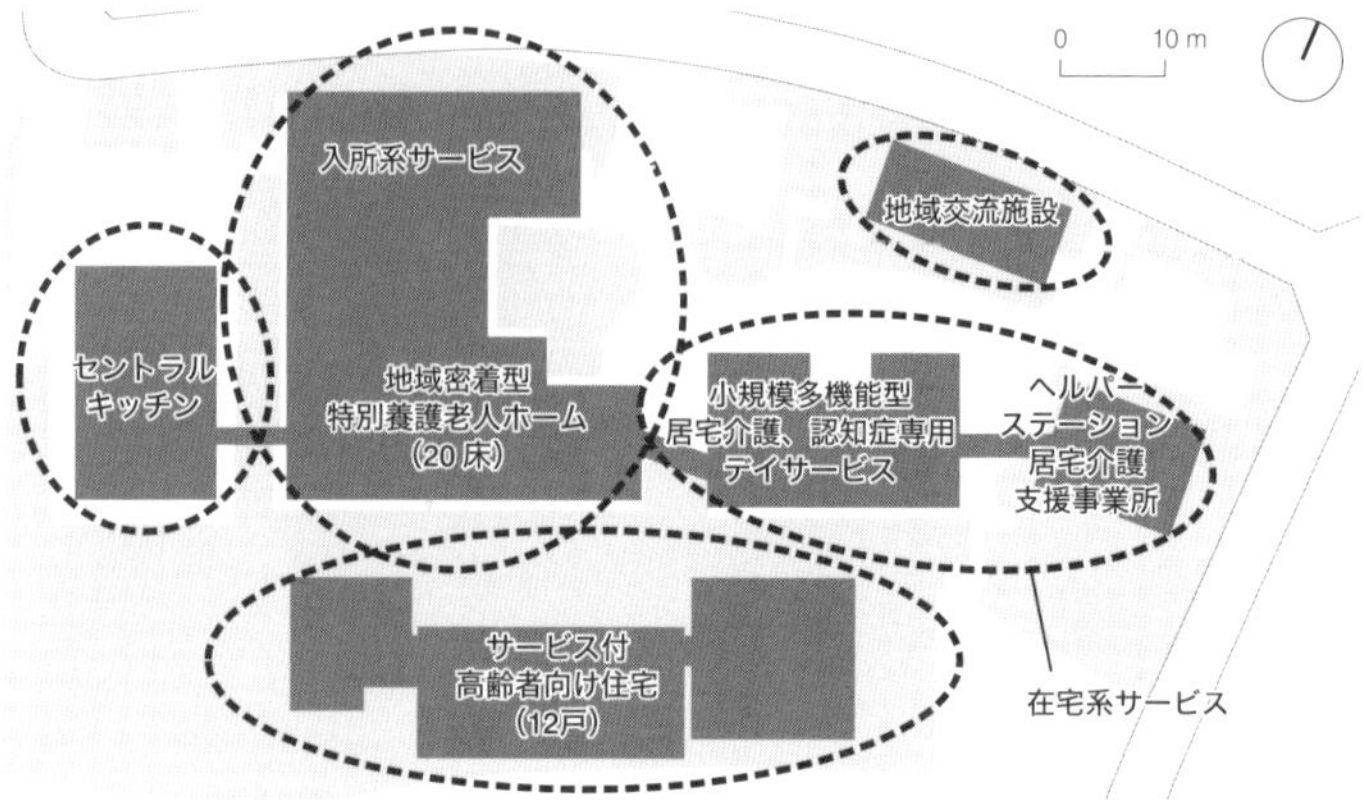

図4·2　公営住宅に隣接する「ケアタウンたちばな」配置図（住まい×福祉）

マルな活動を支援するための地域交流施設が併設されている。第3章で紹介したとおり、大牟田市では小規模多機能型居宅介護などの地域密着型サービスを整備する際に、地域交流施設の併設を義務づけており、ここでも同様に整備することとなった。この地域交流施設は、1996（H8）年当時、私が建替団地の全体基本計画図案で計画していた高齢者福祉施設そのものである。整備主体こそ違ったが、市営住宅という住まいに併設し、高齢期の暮らしのサポートや介護サービスという安心を付加できる拠点となったのである。

北部地区の地域福祉拠点として整備されたケアタウンたちばなには、介護予防や生きがいづくり等の行事にも積極的に関わってもらった。近所に住む高齢者による茶会をしたり、地域住民による団子汁会を楽しんだり、年末年始には餅つき大会や鏡開きをするなど、地域住民自らが主体となった取り組みが行われた。閉じこもりがちな高齢者に出かける機会と場所を提供し、地域で暮らし続けるための多機能なサービス拠点を目指したケアタウンたちばなは、高齢者から子どもまで多世代の住民による緩やかなネットワークを構築し、多世代にわたるさまざまな活動により、地域コミュニティを活性化させる一助になっている。住民同士が馴染みの関係になることで、助け合い、支え合い、おかげさま、お互いさまといった自助・共助（互助）による共生型地域コミュニティの場として今も活動している。こうしてみると市が直接整備する必要はなく、むしろソフトの支援体制さえできていれば、事業主体は官民どちらでも構わないことが分かった。

単身高齢者や高齢夫婦世帯が多いこの団地入居者にとって、住まいの近くにこうしたサービス拠点があることは、地域で暮らし続けるための安心につながる。また天光会職員のたゆまぬ努力により、地域の住民に愛され、地域の社会資源として位置づけられるようになったと思っている。引き続き天光園には、地域のなかでの新たな支え合いや助け合いの仕組みを支援し、公的な介護サービスのみならず、インフォーマルなサービスとして、ＬＳＡ（ライフサポートアドバイザー（生活援助員））的な機能と衰退化する自治会の支援など、暮らしそのものを支援する多機能型のサービス拠点であって欲しい。ケアタウンたちばなが開設して10年以上が経過し、社会福祉法人天光会ではケアタウンたちばな整備後、ケアタウンかみうち、ケアタウンくらながを整備し、当初１１０床という大きな塊だった特別養護老人ホームを利用者の住み慣れた地域へ分散していったのである。

4・8　暮らしを支える複合型福祉拠点のサービス展開と効果

5年間、住宅部局を離れたものの、ハコモノ整備を静かに見守りながら、福祉部局在籍時には前述したようなソフトの仕掛けをしていた。高齢者をはじめとする暮らしを考えた器（住まい）と、その人たちの在宅生活を支える仕組み（医療・介護との連携）が重層的に関わっていることを知り、その必要性が明らかになってきた。ここでは大規模な公営住宅で福祉施策と住宅施策が連携した取り組みについて紹介する。

建築住宅課に戻り、市営住宅管理担当の職員から市営住宅の自治会はさまざまな問題やトラブルを抱えているとを知らされた。「管理人のなり手が、ない」や「自治会費を使い込んでいる」「認知症高齢者の徘徊」など、自治会の問題は数えきれないくらいあった。団地内のコミュニティ再生は、私の一丁目一番地の取り組みテーマとなった。この背景には市営住宅入居者の高齢化が進んでおり、世帯主（名義人）年齢別で見ると65歳以上の世帯の割合は54・4％であり、高齢単身世帯と高齢夫婦のみ世帯の合計は全体の1／3を占めていたことがあった。これは市の平均を10ポイント以上、上回っていた。入居者の高齢化により自治会活動等への参加が減少し、入

市営住宅の現状

- 市営住宅入居者の高齢化が進んでおり、世帯主（名義人）年齢別でみると65歳以上の世帯の割合は54.4%。（2012年当時）
- 高齢者単身世帯と高齢夫婦のみ世帯の合計は996世帯で、全体の1/3を占める。（2012年当時）
- 入居者の高齢化による団地内コミュニティの衰退（希薄化）に起因したさまざまな問題が発生。
  - ・閉じこもりや孤独死（室内死亡）等が増加している。
  - ・自治会活動（除草活動など）の停滞化など

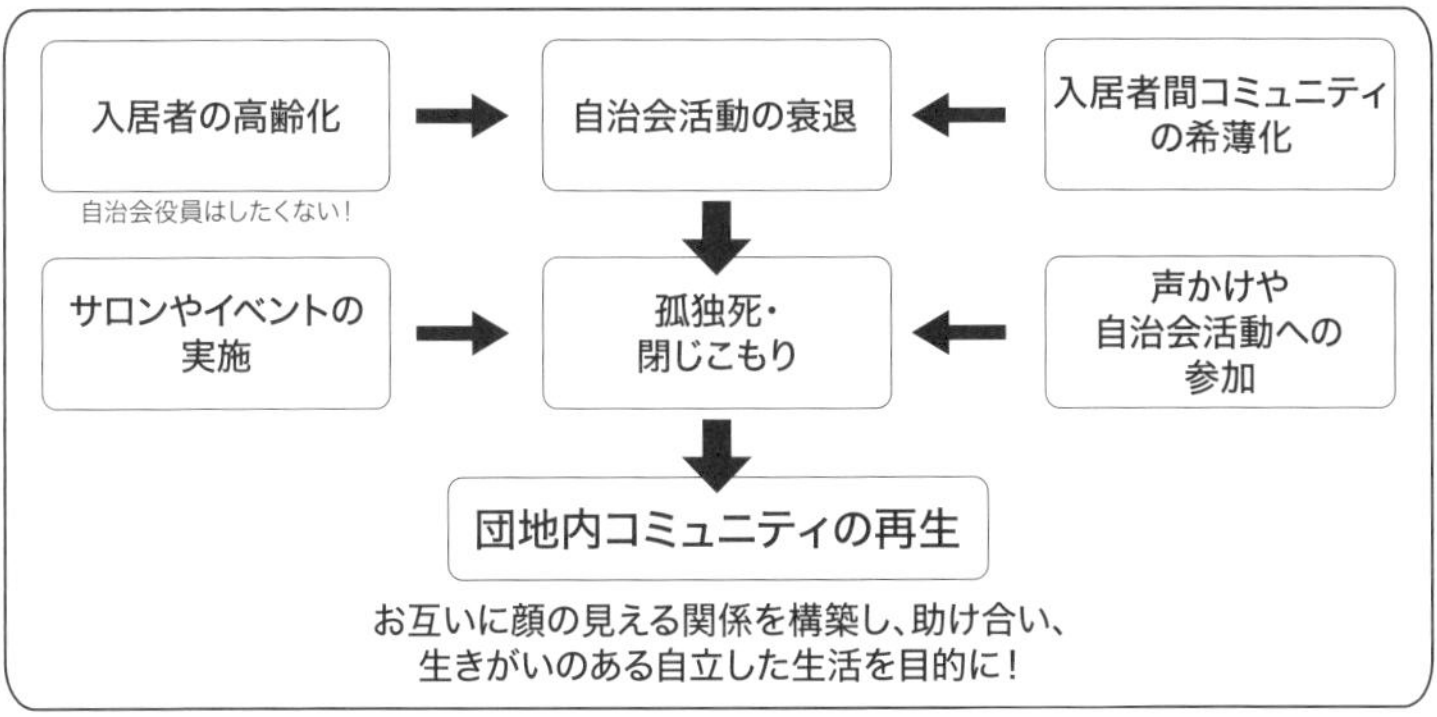

図4・3　市営住宅コミュニティの現状と課題

居者間の交流が少なくなっている。日頃の交流が少ないためか、日常の挨拶も少なく自治会活動（除草活動など）への参加が少なくなってきている。また閉じこもりや孤独死（室内死亡）等が年々増加しており、市営住宅全体で年平均2〜3人だったものが、私が異動してきて一気に倍増したのだ。

　孤独死が発見される背景には、団地内コミュニティの衰退（希薄化）に起因したさまざまな問題があった（図4・3）。こうした問題を解決するために新たな事業に取り組んだのである。財政折衝でその必要性を訴え、「市営住宅コミュニティ活性化モデル事業」と称し、新年度予算の重点事業として

第１回南橘よらん会（2012 年９月 17 日？）

左上：腕の筋力を鍛える介護予防体操、右上：住民交流と筋力向上（足腰）のための輪投げ、左下：地域包括職員による健康（認知症）講話、右下：世話人手作りのおにぎり＆漬物で昼食会

計上することができた。加えて、行政の単年度会計システム上、原則として単年度ごとに予算を計上しなければならないが、コミュニティの活性化は、1年程度でできるものではないことを理解してもらい、1モデル団地・3カ年の継続事業として認めてもらった。といっても、台所事情の厳しい本市では、雀の涙みたいな額である。内訳は、1件当たり初年度は必要な物品調達などを考慮して25万円とし、2、3年目は各年度12万円に設定した。ところが、予算通過後、市営住宅集会所にエアコンが設置されていないことに気づいた私たちは、その後財政課に増額を要望したが後の祭りだった。それでもあき

らめず、知恵を絞り、人的ネットワークをフル活用し、廃止された公共施設に設置されていた比較的新しいエアコンを見つけ出し設置に漕ぎ着けたのである。

さてこの市営住宅コミュニティ活性化モデル事業を受託できる資格要件は、自らの団地自治会、または自治会の活性化を支援できる組織や法人等とした。すべての団地自治会で自治が機能していれば支援組織や法人は必要ない。しかしながら、ほとんどの団地が高齢化しており、自治会自らが取り組むことは難しいだろうと判断し、支援できる何らかの組織が必要と思ったからだ。新年度になり、さきほど紹介したケアタウンたちばなに隣接する南橘市営住宅の自治会に話を持ちかけた。自治会役員の問題意識とシンクロしたのか話はとんとん拍子に進み、三つの団地の自治会役員、地域包括支援センター職員、隣接する福祉施設職員、民生委員、行政による準備会を発足することとなった。仕込みのための準備会議を計4回行い、2012（H24）年9月に「南橘よらん会」が発足した。「よらん会」とは、気軽に寄り集まって皆でおしゃべりしましょう！という意味である。こうして主役は、団地入居者。脇役は、民生委員、ケアタウンたちばな（福祉施設）、吉野地区地域包括支援センター。そして黒子は市建築住宅課（市営住宅管理担当）という構図が出来あがった。

市営住宅と周辺住民とのコミュニティの活性化と再生を目指して発足した「南橘よらん会」は、手始めに介護予防を目的としたサロン活動と食事会に取り組んだ。食事会は、市営住宅の自治会

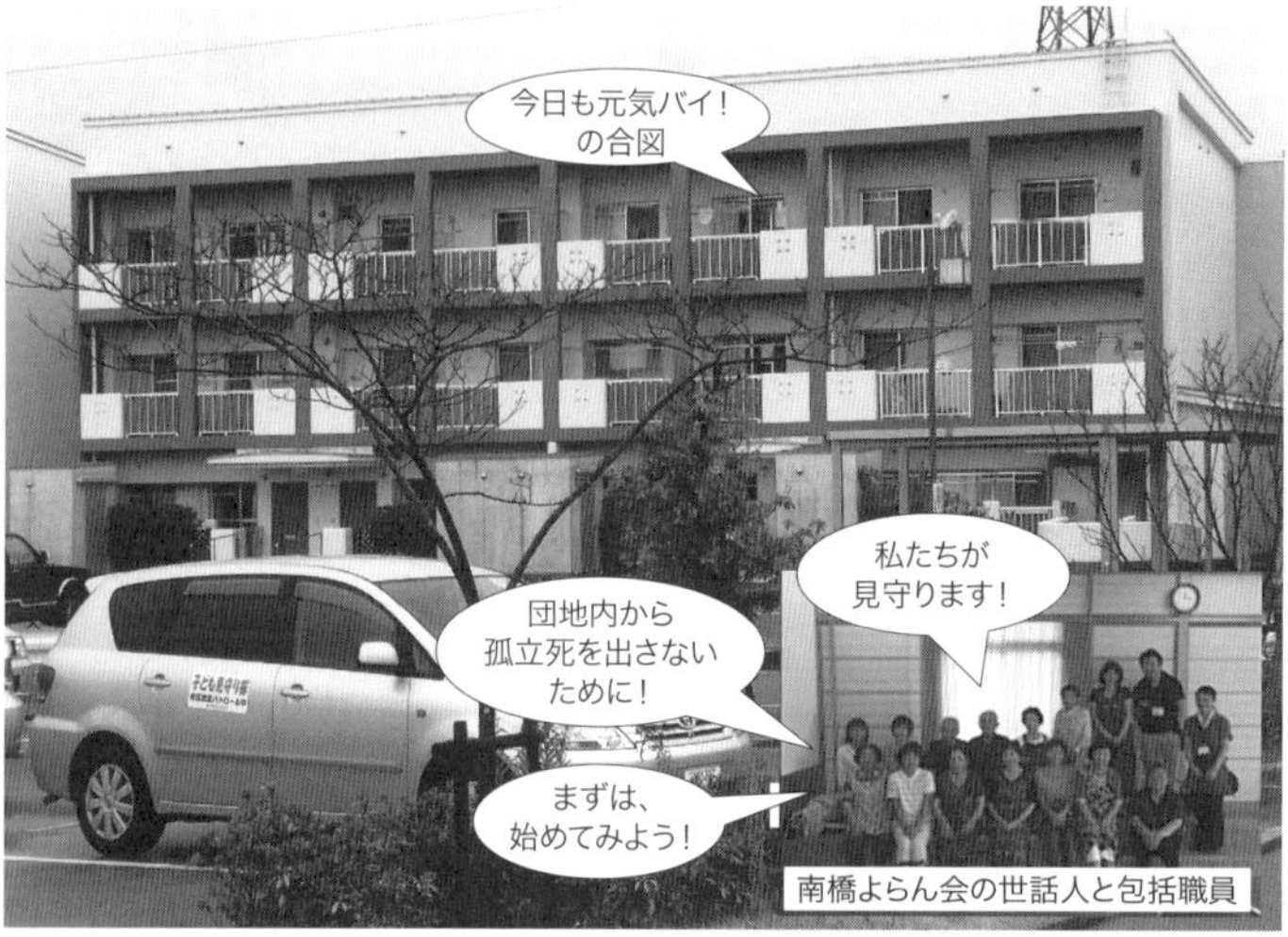

住民同士でつながる「青タオル」～地域に広がる見守り活動

が中心となって毎月第4日曜日に開催される。毎月の企画は「南橋よらん会」の役員が夜に集まり、地域包括や福祉施設などの関係団体の協力を得ながら実施している。月1回のイベントには40～50名程度の参加があり、健康教室やカラオケ大会に加え、隣接する介護事業所の避難訓練に参加するなど、活動は団地内だけに留まらず地域の行事として広がりを見せた。2014（H26）年度からは自治会役員を中心に先に紹介した「認知症SOSネットワーク模擬訓練」にも参加した。

コミュニティづくりの一環として始めた活動は、まずは家から出て、住民（入居者）同士の交流を図り、顔の見える関係づくりを構築し、自助・互助の関係性を強化しようとするものである。このような活動の延長線上に単身高齢者等の見守り活動（青いタオルかけ運動）にも取り組み始めた。これは、団地内での孤独死をなくそうと、自治会役員が中心となって高齢者の安否確認を行うものである。安否確認を希望する高齢者は、朝起きたらベランダに青いタオルを掛け、夕方になるとそのタオルを部屋にしまうというものである。すべての入居者が参加してくれたわけではないが、自治会が主体となってチャレンジしてくれたことが素晴らしい。ちょっとしたきっかけと支援する関係団体をつなぎ合わせることで、コミュニティという言葉と無縁だった市営住宅にもこうした活動ができるようになった。現在この取り組みは消滅してしまった。自治会役員の高齢化と認知症という病気に加えて、黒子であるはずの市担当者の消極的関わりが原因である。

入居者同士がお互いに交流し、助け合い、そして生きがいのある自立した生活が送れる環境づくりは、一朝一夕にはできない。加えて住民の主体性を引き出しながら、事業を継続していくことはとても難易度の高い取り組みである。一方支援する側も関わり方が非常に難しく、手をかけすぎないことが大切であり、「支援」というさじ加減の難しさを知ったのだ。だが、超高齢社会を迎え、高齢者の暮らしは制度だけでは支えられなくなってきているのは、紛れもない事実である。本人が住み慣れた地域やわが家に暮らし続けたいと望むなら、健康なうちから自らの高齢期にしっかり向き合い、そして地域住民自らがお互いの暮らしに関心を持ち、地域住民力を向上させていくことが望まれる。

第5章　空き家を居住支援に活かす——官民協働による居住支援協議会

5・1　居住支援に取り組んだきっかけ

人口減少はさまざまな問題を引き起こしている。人がいなくなりマチが寂れていくだけではない。生産年齢人口の減少による税収減や単身高齢者や認知症高齢者、生活困窮者の増加による社会保障費の上昇、中心市街地アーケード街の空き店舗の増加、公共施設の用途廃止や縮小、自治会の機能不全など、これらはすでに大牟田で起きている。一方、行政内では正規職員が減り、会計年度職員などが増えるなか、仕事ばかり増えて人が足りないとつぶやいている職員がいる。とくに私が危惧していることは、人口減少によって自治会の機能が弱くなるということである。これまで自治会が主体となって道路の清掃や草刈り機を使って除草作業をしていたが、加齢とともに足腰が弱くなり、草刈り機を使える人がいなくなり地域の清掃活動もままならない状況になっている。人口が減少し高齢化が進むなかでの空き家問題は、単に住宅だけの問題ではなく、こうした住民自治の根幹を揺るがし、住みづらいマチになってくるのだ。

居住支援の必要性を感じたのは、福祉部局在籍5年目に地域包括支援センターに所属していたときのことだった。地域包括支援センターでは、高齢者の総合相談の窓口をはじめ、要支援の方や虚弱高齢者の介護予防ケアマネジメント、権利擁護事業、地域のネットワークづくり、高齢者虐待の対応など多彩な役割を担っていた。とくに高齢者虐待の案件では、認知症高齢者の母と多重人格障がいの娘と躁鬱による精神障がい者の娘婿が一つの屋根のもとで生活し、問題が複雑に絡み合っている家庭の支援を社会福祉士と共に対応することもあった。こうした日々の業務にあたるなか、ある日、急性期病院の医療ソーシャルワーカーから「退院できる高齢単身の患者がいるが、退院後の住まいがなくて退院させることができなくて困っている」と連絡が入った。退院後の住まいを確保したいというのが病院からのリクエストである。ちなみに2017年から病院勤めとなった今の私はまったく逆の立場であり、病院の事情や気持ちはよく理解できる。だが地域包括支援センターには社会福祉士、保健師、主任ケアマネジャーの3職種はいるが、住宅のことや不動産のことを知る専門職は一人もいない。当時地域包括支援センターの係長（主査）だった建築屋の私に相談が舞い込んできたのである。

しかしながら、今から物件を探すには、時間がなく、加えて契約時の入居保証金や家賃の支払い能力、連帯保証人の有無など、物件を確保したところで契約までこぎつけることができるのか多くの課題が見え隠れしていた。また市営住宅の入居も考えたが、年3回実施される定期募集の時期でもなく、仮に抽選で当たったとしても、入居するまでには2〜3カ月かかることから断念せざるをえなかった。そこで以前から個人的に付き合いのあった知人の不動産事業者に相談したところ、自社物件を紹介してもらうことができた。さらに連帯保証人も「牧嶋さんの紹介なら大丈夫！」と言って貸してくれたのである。私もどんな患者さんなのか、人となりもよく分からないのに「よく貸してくれたな〜」と後で思ったが、今回のケースを解決に導くことができたのは単に運が良かっただけである。今なお単身高齢者は確実に増えており、高齢者福祉部局では単身高齢者の増加は重要な課題の一つと言っているが、こうした住宅に起因する問題も現に発生している。こうした問題は大牟田にかぎらず全国の自治体でも起きているはずである。しかし、縦割り行政と言われるなか、福祉部局で発生した住宅の問題を住宅部局に求めても、受け止めてくれない自治体もある。住宅のことは福祉部局だけで解決できないことから、居住支援という視点を持って対応してくれる住宅部局の協力が求められているのだ。

現在もそうだが、大牟田市は全国に先駆けて高齢化が進んでおり、高齢単身世帯あるいは高齢夫婦世帯の問題は当時の福祉部局でも喫緊の課題だった。こうした背景のなか、今回の単身高齢者の住まい確保のケースは、単なる一過性のものではなく、高齢化の進展にともない、こうした相談やニーズが増加することが考えられた。住宅に起因した生活困窮になっている場合があることを理解しないといけない。単身高齢者の増加等により、今後このような事案の増加が推測されるなかで、住まいおよび住まい方に関する相談にも対応できる仕組みが必要だと考えた。一方、人口減少にともない、市内には空き家があるはずだが、中古住宅市場にほとんど出てこない。5年ごとに全国で実施される住宅・土地統計調査によると、市内には1万戸弱の空き家が存在していることになっている。この調査はエリアを抽出して推計値（実数値ではない）として公表されるため、1万戸弱の空き家数は、実態と即していないかもしれないが、中古住宅市場に出ている数字とかけ離れている。つまり、空き家数と中古住宅の賃貸流通市場に大きな乖離があると感じていたのである。なぜ空き家が中古住宅の流通市場に乗ってこないのか不思議でならなかった。加えて市内にはいったいどれくらいの空き家があるのだろうと思っていた。実態を知ることが必要だと感じていた。

当時の住宅マスタープランでは住宅政策を進めるためのさまざまな施策を立てており、その施策の一つに中古住宅の流通促進としっかり書いてあった。しかしながら民間住宅の問題は民間で解決するものという理屈で行政が積極的に動こうとしない。どこの市町村にもいかにもコンサルタントが作成したと思われる金太郎飴みたいな計画が存在し、作って安心している現状がある。しかしながら、ますます増加する空き家をほったらかしにできない。住宅すごろくの上がりを夢見て、ああでもない、こうでもないと作ったマイホームだったに違いない。苦労して作った住宅を一人の建築技術屋として、見て見ぬ振りができなかった。空き家が放置されることによって地域の防犯や治安の問題に加え、マチの景観や地域コミュニティにも大きく影響する。空き家対策は、まじめに住宅政策として取り組むことが必要だと考えた。さらに空き家を地域資源として捉え、住宅確保に困っている人たちに安価に貸すことができたら、多すぎる市営住宅を減らすことができるのではないかと考えた。多額の税金を投入し、かつ一度建設したら半永久的に管理しなくてはならない公営住宅を減らせば、人件費や管理費を含めた行政コストを減らすこともできる。こうした想いから財政基盤の弱い大牟田市にとって必要な住宅政策と考えるようになった。

そこで、まずは空き家に対する福祉部局と住宅部局の情報共有が必要だと考え、両部局と民間事業者に声をかけ、住宅確保要配慮者等（高齢者、障がい者ほか）が住み慣れた地域で安心して住み続けることができるよう、地域に潜在する空き家を改修・活用できる仕組みづくりの検討と既存の地域ネットワークや各種の在宅サービス（地域密着型サービス）等と連携した見守り支援の仕組みについて研究し、モデル事業の実施に向けて検討してきたのである。さらに、2012（H24）年6月〜8月には、不動産関係者、医療・介護関係者、地域包括支援センター、障害者相談支援事業所、両部局の職員に声かけ、専門のファシリテーターに依頼して、高齢者・障がい者の住まいのあり方ワークショップを行い、本音の議論をスタートさせたのである。

5・2　空き家になった背景と問題点

このワークショップで出てきた意見を整理したのが図5・1である。貸す側（所有者側）と借りる側でそれぞれ空き家になった背景を整理してみると、所有者側の問題には、相続による親族間のトラブルや仏壇や家財を整理できない、接道がなく建替ができないなど、その理由は実にさ

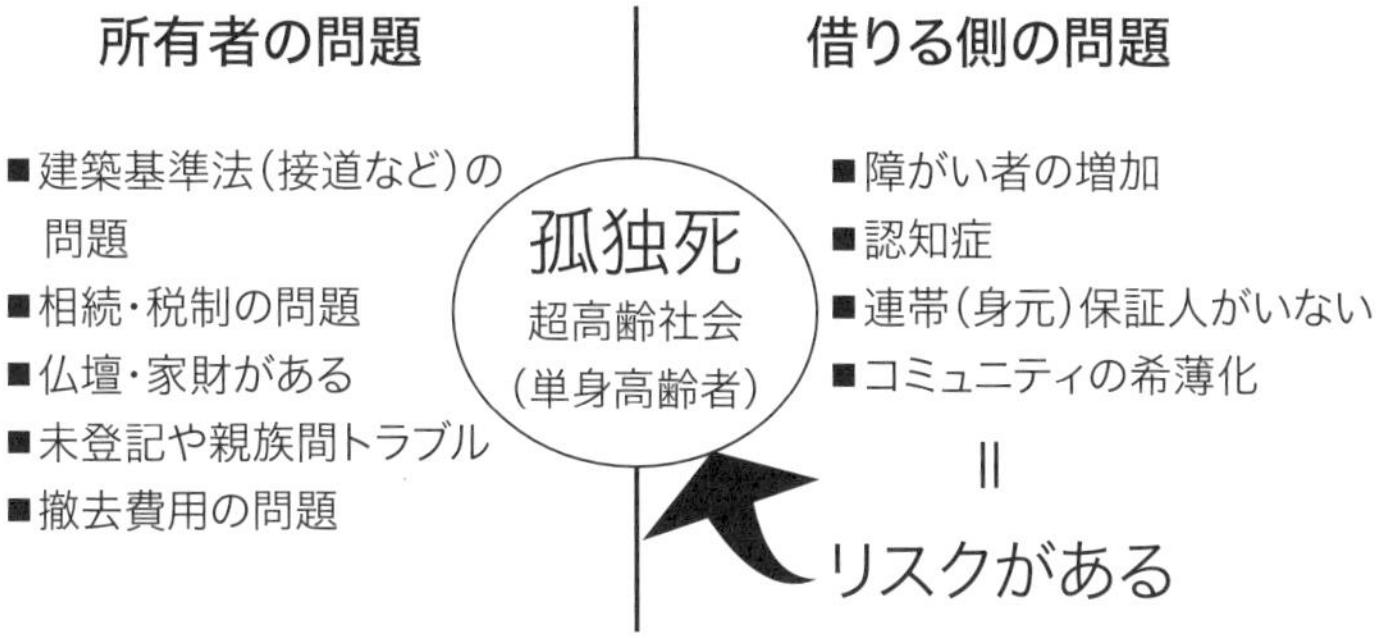

図 5･1　空き家となった背景と問題点

第 1 回目 2012（H24）年 6 月〜 8 月高齢者･障がい者の住まいのあり方ワークショップでの意見

まざまだった。一方、借りる側の問題には、単身高齢者による孤独死のリスクや認知症による近隣トラブル、連帯保証人がいない、低所得による家賃滞納の問題など、高齢社会によるさまざまな問題が背景にあることが分かった。

賃貸物件を仲介する不動産事業者は、孤独死が発生した場合、その後の処理が大変という。その理由には、「第一発見者になると警察の事情聴取などがあり時間をとられて面倒だ」「物件を次の人に貸せない」「物件の価値が下がる」などの声がある。また、その後の処理には「亡くなったときの家財道具の整理が大変」「親族を探して家財を整理してもらう手間が大変」「誰も引き取り手がいない場合、所有者や不動産事業者自ら片付けなければいけない」という。さらに、高齢者に貸したくない理由に、入居時にできると思われていたことが、実はできないことがあるとのことだった。たとえば、「家賃の振り込みができない」「テレビの受信設定ができない」「ブレーカーが落ちたと言って呼び出される」「玄関の鍵が開かないからどうにかして欲しい」「入居後に認知症になったらさまざまなトラブルに巻き込まれる」など、一般の契約者とは異なり、契約後も手離れできず、想定以上に手間がかかることから契約しなければ良かったという。

こうした問題を解決し、どうすれば空き家が賃貸市場で流通できるか、ワークショップを通して不動産事業者の立場から率直に意見を出してもらうこととした。不動産事業者からは、貸したいのは山々だが、孤独死が心配であるといった意見や、家賃滞納がなければ貸すことはできる、認知症や障がい者による近隣住民等とのトラブルがなければ貸せるなど、大家さんや不動産事業者の不安を取り除くための何らかの生活支援や見守りがあれば可能であることが分かった。

ところが、支援する側の地域包括支援センターや障がい者相談支援事業所、医療・介護関係者によると、こうした被援護者への生活支援や見守りなどはサービスの一環としてすでに可能であるとのことだった。つまり、それぞれの分野で抱えている住まいの問題や課題を共有し、情報を共有して障壁となっている問題を取り除くことで空き家を流通させ住宅を確保できない方たちに住まいを提供できることが分かったのだ。

5・3　居住支援協議会の設立（事務局のあり方）

多職種によるワークショップによって住まいに関わる問題・課題を見える化した私たちにとって、朗報が飛び込んできた。居住支援にかかる運営等の国交省の補助メニューがあるとのことだった。しかも10／10という補助率である。財政的に厳しい大牟田市にとって本当にありがたい制度だった。すでに居住支援の必要性を共有していた私たちは、居住支援協議会を設立する意味や設立後のビジョンに加え、国の補助金に頼らずに自立運営できる方法など、改めてワークショップを開催し、喧々諤々協議した。こうして居住支援を進めることになったのだが、肝心の事務局をどうするかが最後の課題となった。

通常、市で補助金を受け入れる場合、議会を通して予算措置をしなければならない。加えて、庁内のさまざまな手続きに時間がかかる。ポスター一つ作成するにも契約部局を通して発注しなければならず、何をするにもフットワークが重い。一方、居住支援の場合、困っている状況に対して迅速な対応が求められ、いかにフットワークを軽くして行動できるかが最優先だった。さらに地域に散在する空き家を活用した居住支援では、支援者の一人として民生委員・児童委員が関わることが容易に想定できる。そこで、地域福祉の視点と社協が行っている日常生活自立支援の延長に住宅支援もあると考え、事務局を市社協に設置したいといった話を持ちかけたのである。

事務局の話を持っていった相手は、常務理事である。以前、福祉部局に在籍していたときの上司（元介護保険課長）であった。すでに、常務理事には前述したバリアフリー住宅士養成講習会の取り組みの経験もあり、住宅と福祉の連携の必要性や居住支援の必要性については常務理事自身も同じ意見であった。「住まいは暮らしの延長線上で考えることが重要」だと……。この一点で理解を求めた。このように理解をしてくれる人もいれば、当時の市社協の一部には、「なぜ住宅のことを社協でしないといけないのか！」「福祉と住宅は関係ない！」「新しい仕事を持ってくるな！」と陰でつぶやく職員もおり、まったく関心を示してもらえなかったのも事実である。ただその時に説明したのは、「住まいの相談は、ただ住宅をマッチングすれば解決する問題ではない。日常生活自立支援事業等をやっている社協がやる意義はあるでしょう。生活の視点で社協も考えて欲しい」と訴え、消極的参加というスタンスのなか、市建築住宅課と合同事務局としてスタートさせたのである。

事務局が決まり大きな障壁をクリアした私たちは、居住支援協議会の設立準備にとりかかる（図5・2）。初めての申請で右も左も分からないまま、国の様式に沿って、居住支援協議会の理念や住宅セーフティネットとして必要と思われることを書き連ねた。加えて、申請書には他省の施策のことを書いたらまずいかなぁ～?と思いつつ、あえて理念には「地域包括ケアシステムの推進」というフレーズを入れて提出することとした。後日、国からメールがあり、たくさんの質

【背景】

大牟田市では、人口の減少や都市部への人口流出により、空き家が急増しており、空き家対策（老朽危険家屋対策、空き家利活用）が喫緊の課題となっている。一方で、**高齢者、障がい者、低所得者、母子世帯、生活保護世帯などが増加しているが、生活の基盤となる住宅を円滑に利用できない問題**が発生している。こうしたことから、老朽危険家屋の除去を促進する一方で、空き家の有効活用（利活用）の方策の一つとして、（借りる側のニーズに着目し）住宅確保要配慮者が住宅を円滑に確保できる仕組みを構築していく必要があった。

【大牟田市の現状（当時）】

空き家の増加
　2008年:9,360／60,100戸=15.6%
高齢者の増加
　2013年4月：高齢化率　31.1%
低所得者（生活保護世帯等）、障がい者の増加傾向

課題：不動産関係

・賃貸住宅の入居率向上、収入、管理費、物件の老朽化
・リスク軽減
　（孤独死、近隣トラブル）

それぞれの分野で抱える問題と課題がある
→課題を共有して解決しよう！

課題：福祉・医療関係

・施設から住宅、地域へ（自立支援）
・退院、退所後の受け入れ先確保
・保証人問題
・障がいへの理解不足

単身高齢者が増加している
病院から退院を言われているが帰るところがない

課題：行政

・空き家に関する課題
　老朽危険家屋、防犯、防災
・高齢者（障がい者）の住宅対策
・人口定住対策

最近、空き家が目立ってきた
老朽家屋や雑草の苦情が増えてきた

【対応策】

居住支援協議会

不動産関係団体、医療・福祉関係団体、その他の団体が住まいに関する課題を共有し、協働して住宅確保要配慮者の「居住支援」に取り組む必要がある。

図5・2　それぞれの分野で抱える住まいの問題点や課題⇒課題を共有！

問が浴びせられた。なぜ人口10万人程度の地方都市が申請してくるのか?市ごときで中古物件を本当に確保できるのか?といったことであった。私たちはこちらの考え方を一つ一つ丁寧に答えていった。しかしながらなぜこんな質問をしてくるのか不思議でならなかった。推測だが、こうした質問をしてくる背景には、当時、国が想定していた居住支援は、住宅確保要配慮者が増えてくるなか、空き家を含めた良質な住宅ストックを確保することだけだったからではないかと思った。つまり都道府県や政令市などの大きな自治体単位でストックを整理し、協議会が住宅バンクとして住民に情報提供することだったと思う。

ところが、実際の居住支援の活動は、住宅確保要配慮者に対して入居支援（住宅確保）と入居後の生活支援を一体的に提供することが必要であり、住宅確保のための空き家情報だけでは解決できないのである。むしろ、住宅確保後の生活支援をどのように整えるかという視点が重要なのである。相談内容によっては、問題が多様化・複雑化しており、問題解決には現状の生活内容を聞き取り、関係機関につなぐことが求められる。したがって、居住支援協議会というカタチを作れば解決できるというわけではなく、ちょっと泥臭く実践できる協議会が求められるのである。

このように考えると、都道府県単位で設置された居住支援協議会と市町村の協議会の果たす役割は大きく異なる。とくに大牟田市みたいな小さな市町村だからこそ直接住民の相談を聞くことができ、問題解決に向けた具体の取り組みができるのだと、居住支援に取り組んでみて改めて感じるようになった。

5・4　居住支援協議会における最初の取り組み（空き家の実態調査）

居住支援協議会を設立して最初に着手したのが、市内の空き家の実態を知ることだった。これは建築住宅課に戻ってきて取り組みたかった空き家対策の第一歩となる。すでに総務省によって5年ごとに行われる「住宅・土地統計調査」はあるが、この調査は市内の住宅を抽出して行われる調査であり、空き家対策を進めるには、市内のどこのエリアにどんな住宅の空き家が存在するのか、正確な空き家の実態を把握する必要があった。しかしながらこの調査をするには、市内に存在する住宅の悉皆（全数）調査が必要となる。居住支援協議会を立ち上げ、10／10の補助金（上限額1千万円）によって調査費をつけることができたが、市内に6万戸弱ある住宅を調査会社へ委託すると数千万円の事業費がかかる。居住支援協議会でやりたいことは、空き家を住宅確保要配慮者に貸すための連帯保証人のあり方を調査研究するなど、他にもやることがあるなか、この調査だけに数千万円もかけるわけにはいかなかった。

そこで思いついたのが、民生委員・児童委員さんの存在であった。福祉部局にいたときに本市の認知症高齢者施策の取り組みや小規模多機能型居宅介護施設の整備や整備後の運営推進会議な

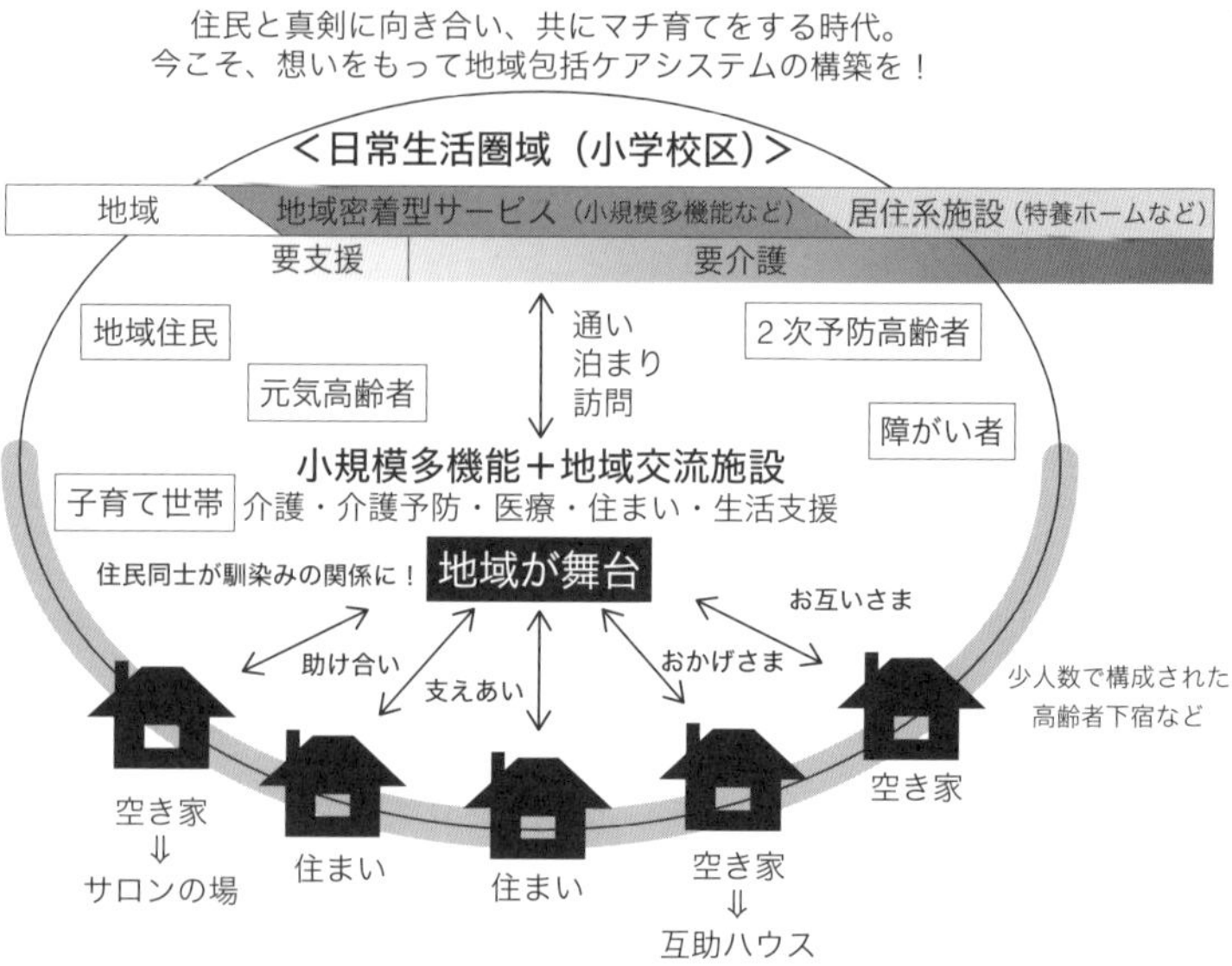

図5･3　地域で暮らし続けるために（空き家を地域資源として考える）

どで、役員をはじめ多くの民生委員さんと知り合いになっていた。ある民生委員さんに地域の空き家の存在について尋ねると、防犯や防災上心配しているとか、ゴミが捨てられたり、猫が住み着いたりしてかなり迷惑しているとの状況だった。加えて、空き家がどこにあるかを聞いてみると、「私たちは、地図さえ渡してくれると、わざわざ現地に行かなくても、どこに空き家があるか分かるよ！」と教えてくれたのだ（図5・3）。

こうした情報を得た私は、数人の役員さんと事務局に事前に話をして、月1回開催される民生委員さんの役員会で提案することの承諾を得た。後日、役員会に出向き、空き家調査の主旨や調査方法について説明し、一部反対意見はあったものの、次回開催の校区会長会で提案することが許された。「いける!」と思って参加した校区会長会で説明すると、「なぜ、私たち民生委員が調査しなければならないのか?」「ただでさえ今の業務でいっぱいなのに空き家まで調べなければならないのか?」「役所は私たちをいいように使っている」など、いきなり反対の意見が続出したのである。せっかく役員会で通していただいた役員さんの顔をつぶしてしまい、申し訳ない気持ちでいっぱいだった。翻って考えてみると、私自身、民生委員さんがどんな仕事をしているのか理解しておらず、市のためや調査の効率性だけで考えており、民生委員さんの事情を一切考えていなかったのである。つまり相手のことを知る努力を私自身一切しておらず、大きな反省をさせられることになった。

民生委員さんの負担感がないよう調査のあり方を再整理し、日を改めて役員会と校区会長会に出向き、一つの校区を除いて空き家調査の承諾を得た。民生委員さん一人一人の担当エリアの地図と蛍光ペンを渡し、戸建て住宅と木賃アパートに限定して、空き家および空き家と思われる住宅にチェックしてもらった。こうして2カ月の調査期間をへて、市内の空き家数を校区別に把握することができたのである。

しかしながら、今回の調査では、場所は特定できたものの、使える空き家なのかボロボロの空き家なのか、どのような状態の空き家なのか把握できていなかった。民生委員さんに空き家調査

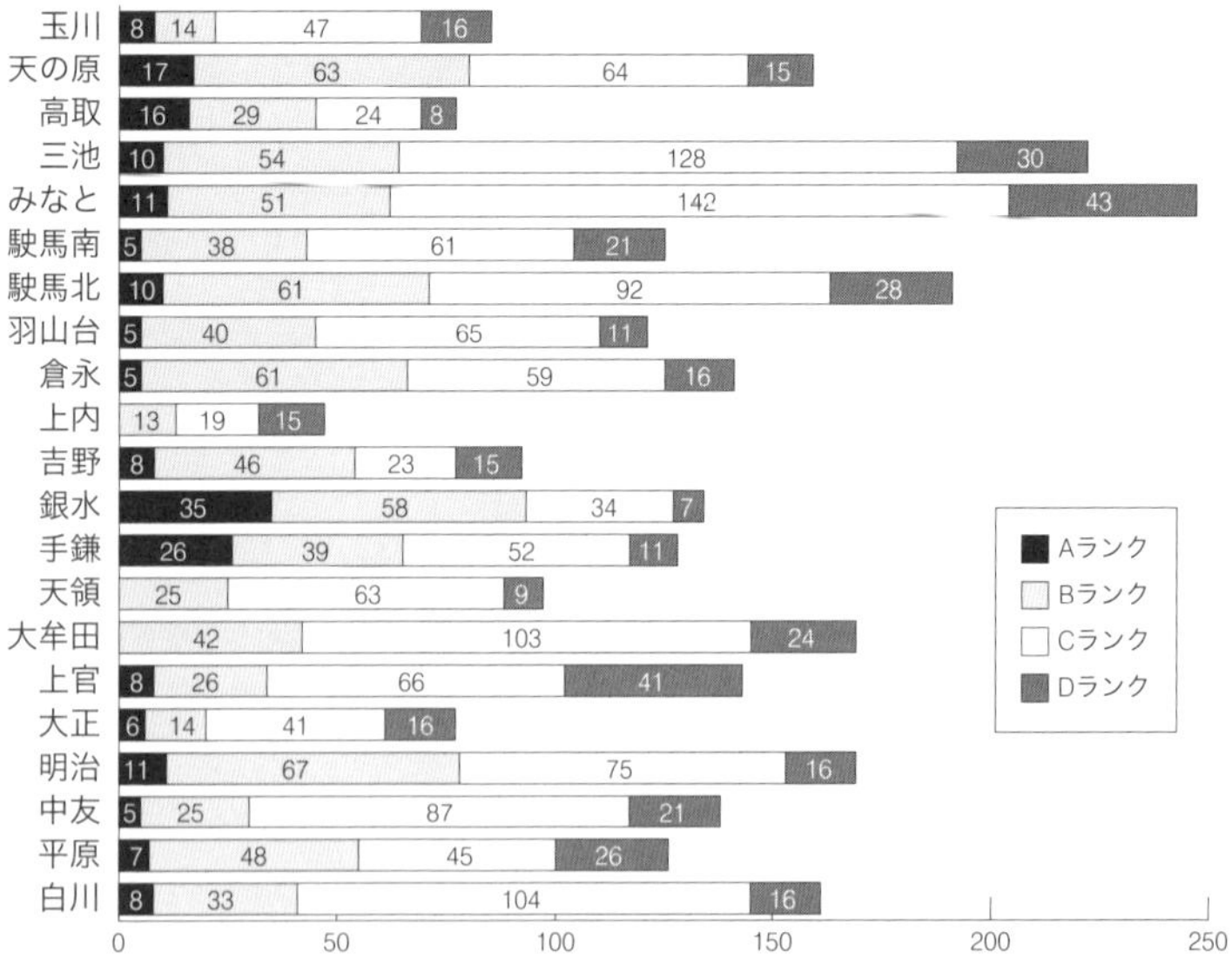

図 5･4　校区別･老朽度別空き家戸数

Aランク：そのまま使用が可能な状態、Bランク：若干の修繕が必要と思われる、Cランク：使用するにはかなりの修繕費がかかる、Dランク：損傷が著しく倒壊などの危険がある

を引き受けていただいた段階で、以前から知り合いだった市内にある国立有明工業高等専門学校建築学科准教授の鎌田誠史先生（現武庫川女子大学生活環境学部准教授）に相談し、地図に落としてもらった空き家の老朽度調査をお願いしていた。民生委員さんが調査した地図と調査シートを片手に、一軒一軒現地を確認してもらい、かつ小学校区ごとに整理して調査を終えることができたのである。参考までに民生委員さんへの空き家調査の謝礼として渡した3色蛍光ペン代、300円×300人で9万円、有明高専学生の調査協力費として80万円、合計89万円で空き家調査（戸建て住宅編）を終えることが

できたのである。

調査結果が図5・4である。今回の調査では市内に戸建て住宅の空き家が2千333戸存在することが判明した。そのうち1／3は少しだけ手を加えることでまだまだ使える状態にある空き家だった。ところが、当時の不動産事業者が取り扱う中古住宅の流通物件は千もなかったのである。つまり大半の空き家がひっそり鳴りを潜めている状態にあったのだ。このまま放置しておくと、時間の経過とともに目に見えて老朽化して朽ち果て、数年後には特定空家の仲間入りすることも想像できた。また市内の空き家がこうした状況だということを協力してくれた民生委員さんに報告し、引き続き大牟田のまちづくりのための協力を依頼した。

ここでなぜ民生委員さんの調査にこだわったかというと、空き家の利活用の用途にあった。空き家の使い方は決して住宅だけではなく、さまざまな用途に使えることを福祉部局にいた頃に学んでいたからである。厚労省老健局の調査研究事業に関わることがあり、日本福祉大学の児玉善郎先生などの社会福祉系大学の先生や前述した建築福祉系大学の先生と全国の空き家等の活用の先進事例を見て回ったことに起因する。空き家が小規模多機能型居宅介護施設に改修されたり、地域のサロンとして利用されたり、その使い方はさまざまだった。大牟田市でもこうした空き家の使い方ができたらと常々考えていたことに加え、仮に地域のサロンとして使うことになれば、民生委員さんがお世話している高齢者が気軽に集える場所となり、民生委員さんの関わりは必ず出てくると思っていたからである。

5・5　空き家活用のモデル事業――地域住民のサロンとして

市内の空き家の実態が判明した後、最初の空き家利活用のモデル事業に着手する。ちょうどこの頃、空き家を地域のために提供したいという申し出があったことに加え、居住支援協議会の事務局を社協内に設置したものの、一部の職員に居住支援への理解が浸透していなかったことから、空き家利活用の一つの手法として社協の十八番《おはこ》事業であるサロンの活用が社協職員にとって一番理解しやすいと思ったからである。この物件の情報提供者は白川小学校校区で200床の療養型病床を運営する白川病院医療連携室の医療ソーシャルワーカーの猿渡進平氏である。彼は、医療連携業務のかたわら、白川病院が地域の医療資源であることを考え、住民による住民のための自治に取り組むことができるよう校区住民によるNPO法人設立に尽力した一人である。生前この空き家に住んでいた所有者が、白川病院と地域住民が連携して一人暮らし高齢者の在宅生活支援を行い住み慣れた自宅で最後まで暮らせるよう支援する活動のメンバーだったという経緯もある。母の遺言を実行したいというご子息からの申し出を受け、地域住民が会員となっているNPO法人とご子息、居住支援協議会の3者で協議を重ね、空き家のサロン転用に向けて取り組む

「サロン田崎」開所式（2015年1月24日、官・学・地域住民との連携による空き家活用モデルプロジェクト）
左下：有明高専建築学科の学生による空き家改修工事]）

こととなった。

申し出のあった空き家は一部雨漏りがしたり、床がブカブカするなど、利用するには、必要最低限の修理が必要だった。また住宅内にはタンスや食器などの残置家財に加え、仏壇も行き先を失っていた。空き家をサロンや住宅として利活用するにはこうした問題にぶつかるが、一つ一つ整理していくしかない。残置家財で食器などの使えるものはそのまま残して、不用と思われる残置家財は地域住民の手によって整理することとなった。

一方で改修費をどうやって手当てするかが課題となった。居住支援協議会の国庫補助金は使途が決まっており、改修費には使えない。加えて、さまざまな団体が所管する改修費補助メニューは補助率が決まっており使途が限定され補助金の裏負担が必要になる。そんな金など設立したばかりの居住支援協議会にはない。しかし、これまでの役所生活で培った人脈が救ってくれることになる。一緒になっていろんな手立てを考えてくれたり、補助要領の読み方を考えてくれた。こうしたありがたい助言により、当該物件は、空き家調査でもお世話になった有明高専生がフィールドワークという授業の一環で学生の手によって改修することとなった。暑い夏場だったが、NHKの取材があったり、地域の方たちから熱中症にならないようにとお茶や塩飴をもらったりして、高専生のモチベーションは高まり、しだいに手際も要領もよくなっていった。通常の教室内での授業とは異なり、高専生たちにとって貴重な体験だったと思う。1カ月半の工事期間を終え、プロ並みの仕上がりとはいかないまでも、元大工さんの指導のもと、高専生の尽力で最初の空き家改修を終えることができた。

役所に入庁2年後のある日、まちづくり系のコンサルティング会社の社長と話していたときに、次のことを言われ、当時何気なく手帳に記していた。「自分の知りたいときに、知りたいことを教えてくれる友人・知人のネットワークを、日頃から自分の努力で構築しておくことが大切だ」と……。空き家改修にいたるまでの間、まさにいろんな人とのご縁があり、その大切さを身をもって感じた出来事だった。

振り返って考えると、私たちの居住支援協議会は仕掛けと仕込みを担当する黒子であり、利用する地域住民が主役である。仕込み段階ではさまざまな問題が浮上するが、地域住民と共に知恵を出し合い、汗をかき、丁寧な時間を共有することの重要性を学んだ。まさにこれが「協働」であり、ゆっくりと急げ（Make haste slowly）による事業だった。地域住民と苦楽を共にし、完成後のイメージを改修前から共有することがとても大切である。○○市民センターやコミュニティセンターを行政が新築整備するより、はるかに地域の財産として受け入れられたようにも感じている。建築とは単にモノ（空間）をつくるという行為（＝主役）だけでなく、地域自治の「推進力（＝名脇役）」となることが求められているような気がしてならない。

地域交流拠点として生まれ変わった「サロン田崎」は、地域の高齢者にとって歩いて行けるおしゃべり場であり、介護予防にもつながる。また子どもたちが集い異世代交流の場として活用されてきた。地域の自助・互助を育み、活用できるこの空間では、社協などで取り組まれているコミュニティソーシャルワークにも一役買いそうである。今回取り組んできた空き家活用は一見住宅施策のようだが、ゴールは地域福祉の施策であることに気づかれたと思う。まさに空き家が取り持つ住宅施策と福祉施策の連携である。

最初の協議からおよそ1年かけて開所式を迎えることができた。開所式には地域住民をはじめ、関わった人やこれから関わっていく人が集まった。開設後もマスコミ等の取材があり、視察には当時の厚生労働大臣や福岡県知事も訪問された。一方市議会でも運営費のことで取り上げられる。サロン事業を展開するにはエアコンなどの光熱水費の固定経費が発生するものの、金を産まないため運営費は市社協の赤い羽根の助成金などに頼らざるを得ない。運営費を捻出するために前出のNPO法人しらかわの会では、「男の居場所」と称して、男衆が女性に料理をふるまい、参加費を運営費に充てたりするなど、運営費を捻出するためのさまざまな自主事業にも取り組んできた。こうして始まった地域住民による空き家のサロン活用だが、所有者の諸事情により閉所することとなった。サロンへの展開では運営費をどのようにして確保するかといった課題を残したものの、多くの関係者とプロセスを共有することの大切さを改めて知ることになる。

ここで一つ注意しておきたいのが、空き家のサロンへの転用には固定資産税の問題が発生することに気をつけておくことが必要である。つまり建物の用途が専用住宅でなくなることから、住宅減税の対象から外される可能性がある。市役所税務所管課と事前に協議しておくことをお勧めしておく。

その後、空き家のサロン活用は別の小学校校区でも取り組むこととなった。当然ながら、進め方は前回同様、地域役員をはじめ多くの関係者と協働しながら進め、開設まで1年半かけて丁寧に進めてきた。最初に取り組んだサロン田崎での課題を克服しながら、関わるすべての人たちにとってＷｉｎ-Ｗｉｎになるような取り組みとしたのは言うまでもない。地域住民の拠点であるサロン「リクシス」は、現在もさまざまなイベントを行いながらサロン活動を継続している。

5・6　住宅確保要配慮者向けの住宅を確保するために

居住支援協議会を立ち上げ、いよいよ住宅確保要配慮者に空き家を提供することとなるが、紹介できる物件確保をどうするかという問題にぶつかる。市内に数多くの空き家があることは分かったが、流通している物件はごく一部である。加えて不動産事業者が扱う賃貸住宅市場は設定家賃が高く、住宅確保要配慮者＝生活困窮者が借りることができない。私たちは住宅確保要配慮者の収入に見合った家賃の住宅を確保することが喫緊の課題となった。

そこで不動産の賃貸市場で流通していない、いわゆる眠っている空き家を掘り起こして貸す仕組みを作るために、所有者の意識啓発を目的に空き家募集のチラシを作成し、空き家相談会を開催することにした。当時行政サービスで定期的に各種相談窓口も開設されていたが、空き家が発生する背景には重層的な問題があり、一人の宅建士による相談対応では解決につながらないと考え、私たちの相談会では相談を受ける側も複数の専門家による対応とした。相談者側のスタッフには、不動産事業者や行政に加え、財産や相続問題の相談に対応するために司法書士にも同席してもらう。加えて、空き家所有者および相談者の高齢化にともない、空き家だけでなく福祉のさまざまな相談にも対応できるようにケアマネなどの専門職にも同席してもらうこととした。

住宅相談は、市役所と市社協の窓口で随時対応とするほか、正月とお盆などの帰省時期に合わ

「空き家情報を募集しています！」チラシ

せて年3回空き家相談会を開催した。開催案内は市の広報や新聞掲載に加え、固定資産税情報で得た所有者にも郵送した。開催するたびに相談数は増加し、活用から管理、処分にいたるまで幅広い相談内容に対応してきた。

さらに啓発チラシも工夫を凝らした。単に空き家を集めるだけでは設定家賃が一般的な流通価格となり、住宅確保要配慮者向けの住宅にならないことから、チラシの真ん中に「あなたが所有している空き家を、地域貢献のために提供してみませんか?」と書いた。つまりこのフレーズの裏側には、固定資産税相当額＋アルファ程度で使っていない住宅を貸してくれないかという意味を含んでいる。

2015（H27）年「空家等対策特措法」が施行され、大牟田市でも2017（H29）年、「大牟田市空き地及び空家等対策計画」が策定された。この法律の施行により、2014（H26）年の空き家の悉皆調査のデータと固定資産税情報を突き合わせることができた。空き家の対象物件は、前述した調査で比較的使えそうな空き家だったAとBのおよそ900戸弱とした。毎年郵送される納税通知書に、空き家の状況確認と将来の利活用に関する意向調査票を同封したのである。通知を受け取った方のなかには、「うちは空き家じゃない」「何を根拠に空き家としたのか」などとお叱りの電話もあったが、半数近くの所有者から調査票を回収することができた。

調査票から見えてきた結果から、空き家となっている住宅は、1985（S60）年以前に建設されたものが大半であった。また空き家になっている期間は、3年から10年が6割弱であった。さらに空き家の維持管理のために10万円以上かけている所有者が約5割いることも分かった。空き家の活用意向では、「売却したい、または売却してもよい」という方が4割強いることも分かった。このように空き家の管理で困っている実態がある一方で、「売りたいが売れない」という状況だった。また、大牟田を離れて大阪や東京に住んでいる人は、華やかなりし時代の大牟田の幻想があるのか、「もっと高く売れるはずだ」と思って売らない事例があることも分かった。建物価値は相談者が考えている以上に低く、実際の価値はほとんどないといった物件もあった。むしろ、これからはお金を払ってでももらって欲しいという物件が増えてくるのではないかと感じた。言い過ぎかもしれないが、人口減少が進む大牟田市にとって、すでに空き家は資産ではなく、負の遺産と化していると言っていいかもしれない。

5・7　思わぬ災害で空き家悉皆調査が役に立つ

２０１６（H28）年1月24日、九州地方は記録的な寒波に襲われ、本市でも観測史上最低となるマイナス７・４度を記録した。朝出勤すると水道を所管する企業局では大変な騒動となっていた。凍結した水道管が破裂し市内各所で漏水が発生し、５万４千戸の緊急断水となり、市では緊急対策会議が開かれ、災害派遣を要請し自衛隊が出動する騒ぎとなる。この断水騒動にいたった背景に空き家の存在がある。通常、水道管が破裂すると各家庭で止水栓を閉めることになるが、空き家になっているため漏水を止める者がいない。個人の敷地内でダダ漏れ状態にあったのだ。漏水の原因の一つである空き家の止水栓を止めないかぎりこの状態は続くこととなり、市は止むを得ず市全体の水道を止めることとなった。一刻も早くこの事態を収束させるには、空き家の止水栓を閉栓することが急務となる。しかしながら、企業局が保有する契約データはあるものの、空き家なのかどうかは企業局では分からない。また人海戦術で市内を見て回っても、外観目視では空き家のように見えるが、市内の医療機関へ入院しているのか長期旅行による一時的な留守なのか、その家が空き家かどうかの見極めはきわめて難しい状況だった。

災害発生翌日、上水道を担当する課長が私のところへやってきた。以前から親しくさせていただいている男気のある先輩だった。居住支援協議会で市内空き家の悉皆調査を実施していたことを知っており、地図に落とした空き家情報を提供してくれないか！との依頼であった。機密性の高い情報だったが、市民生活が不安に晒されているなか断るわけにもいかず、調査後、適正に破棄・処分することを条件に紙データを提供した。市内全域にわたった断水エリアは、企業局職員と市の水道指定工事業者の尽力により、徐々に終息していったものの、完全復旧するまで6日間続いた。後日、企業局の報告によると、水道管の修理件数と利用水量などの結果から空き家によるる漏水は2割程度であり、市域全体に及んだ断水の主たる原因は空き家だけではなく、閉栓対応が難しい住宅が数多く存在したことによるものだと結論づけた。今さら結論についてどうこう言うつもりはないが、閉栓対応が難しいという背景には、高齢化にも原因があるように聞こえてきたのは私だけかもしれない。

かつて三井三池炭鉱で栄え大牟田が輝いていた頃の人口は20万人を超えていた。しかし国のエネルギー政策の転換により石炭産業は衰退し、現在の人口は11万3千人あまりまで減少した。およそ9万人の人が大牟田市からいなくなった計算になる。マチのあちこちには、いまだに人口20万人を有していた頃の都市インフラが残っている。さらに高度成長期に建設された住宅が住人を失った空き家として今なお残っている。今回の緊急断水の件は、住宅所有者による個人の管理問題だという人もいるかもしれないが、人口減少や超高齢社会によって過疎化が進む全国の自治体でも同様のことが起こらないとは言い切れないだろう。もしかすると、未来の地方都市を象徴する出来事だったかもしれない。

5・8　住宅確保要配慮者の生活背景や課題に着目する

居住支援協議会で対応する相談者の世帯属性はさまざまだった。いわゆる住宅に困窮している世帯は、世帯年齢に関係なく発生していたのである。私たちは主たる相談者は高齢者世帯だろうと思っていたが、実際の相談者は30代、40代の女性が多かった。その背景には離婚をきっかけに住宅を失うケースやシングルマザーで生活に困窮しているケース、元配偶者からの嫌がらせやストーカーによるケースなど、私たちの住宅部局では聞くことのできない内容だった。こうしたケースは市の女性センターの相談窓口から居住支援協議会に寄せられる。このほか、市が開設している相談機関は対象者ごとに行われており、生活保護の窓口や地域包括支援センターなどの市の関係機関に加え、市営住宅管理センターや障がい者相談支援センターなど、さまざまな相談窓口からだった。このように居住（住まい）支援の相談は、単一部局の問題に留まらず、暮らしに密着する福祉部局の施策と横断的な関係性を持っていたのである。

一方、居住支援協議会の相談窓口は、単なる住宅に特化した相談では終わらない。住宅を確保できない人たちの背景や課題に着目することが重要であり、現に住宅相談の裏側には、多重債務

や ホームレス、DV（家庭内暴力）や一人親家庭による生活困窮が存在し、相談者自身が複合的な生活問題を抱えている場合がある。たとえば、家賃が払えないという相談の裏側には、生活費の計画性が欠如している場合があり家計相談の支援へつなげたり、子どもの引きこもりが分かると生活支援の相談窓口につないだり、生活困窮で病院の治療費が払えないといった相談では、無料低額診療制度等を紹介したり、税金や家賃の滞納では社協の生活福祉資金貸付制度へつなぐなど、本人にあったそれぞれの相談窓口につないでいる。このように相談は複数の問題を抱えているケースがよくある。これらの問題が、複合化し、そして高度化、多様化していることからこそ、それぞれの専門職が重層的に対応できる体制が必要になっている。

したがって、さまざまな相談に対してワンストップで受け止めることは必要だが、ワンストップで相談を受け止めるからこそ、さまざまな問題を解決するための「つなぎ先」を作っておくことが求められる。住宅（住まい）の相談先がないと相談対応に行き詰まり、問題を解決することができない。福祉部局が苦手とする住宅に関する相談を「つなぐ」ことによって解決に向けた道筋を立てることができる。居住支援協議会はそうしたつなぎ先の一つであり、住宅に関する相談のファーストコンタクトの受け皿でもある。居住支援協議会とは、役所に設置される委員会や審議会とかではなく、具体の問題を解決する実践組織であり、住宅部局は不動産事業者等とタッグを組み、「つなぐ」を受け止められる存在になればいい。住宅部局では新しい受け皿として組織を立ち上げるというより、お互いがパートナーとして行動できる「協働」の視点を持ち、不動産事業者が主役となれる仕組みとして居住支援協議会を位置づけてはどうだろうか。

居住支援協議会は、都道府県や市区町村単位で設置できることとなっているが、前述したとおり、住宅確保と生活支援が一体的に提供されるものであるからこそ、都道府県単位ではなく身近な場所で生活支援ができる市区町村単位の設置が望まれる。それぞれの立ち位置を考え、次期住生活基本計画の見直しでは都道府県と市区町村における居住支援協議会の住みわけが必要になるだろう。

居住支援は生活の延長線で考えることが必要だと言ってきた。しかしながら、いまだに役所のなかでは、居住支援は福祉だろう!とか、国交省がやっているから住宅だろう!などと低次元の話をしている自治体もある。さらに自治体によっては、住宅政策に携わる技術系職員らが市民生活の変化に気づいておらず、モノづくりや機関委任事務にしがみつき、旧態依然の安易な組織運営をしている自治体もある。世の中の変化に気がついていない、あるいは変化しようとしない自治体は、人口減少といった課題に立ち向かうことなく、衰退の一途をたどるしかないのだろう。現実の世界を直視し、目の前で生活に困窮する一人一人の市民に対してできるかぎりの手立てを打つことが必要であり、わがマチに暮らし続けたいと思える市民がいてこそ、マチは元気になるのだと思う。元気のいい自治体とは、さまざまな変化に適応し、住民と同じ目線で話すことのできる自治体職員がいる行政組織のような気がする。

5・9　連帯保証人不在者への対応と見守り&生活支援

大牟田市居住支援協議会では、空き家を活用した取り組みを進める一方で、住宅確保要配慮者の入居支援の仕組みづくりにも取り組んできた。とくに連帯保証人の不在による住宅確保の問題は喫緊の課題だった。

この課題の背景には、住宅セーフティネットである公営住宅に連帯保証人不在のため入居できないという実態があったからだ。公営住宅を運営している自治体には、市営住宅条例に基づき設置された市の付属機関として審議会なるものが設置されている。この審議会は、市長の諮問に応じて、市営住宅の維持・管理運営、入居者の選考方法に関する事項について調査審議する機関であり、大牟田市では市営住宅の定期募集抽選後に年3回開催していた。委員は市議会議員や地域住民代表をはじめ、福祉関係団体からの推薦者によって構成されている。会議では前回抽選会による入居状況に加え、今回の抽選会の結果や入居辞退率などを報告するが、会議が開催されるたびに連帯保証人の話題となり、連帯保証人の不在によって入居できなかった方が2～3名いることを報告していた。委員からは、「民間の保証会社の活用等により連帯保証人を不要とする取り

2014年10月、NPO法人大牟田大牟田ライフサポートセンターとして認可取得

扱いができないか……」や「連帯保証人を不要にすることはできないのか……」など、入居要件の見直し意見をもらうことがしばしばだった。

住宅セーフティネットの考え方から言えば、公営住宅は住宅確保要配慮者の最後の砦である。市条例にも「首長が特に認める場合、連帯保証人は不要」となっている。しかしながら市営住宅入居者のなかには、悪質な家賃滞納者や家財を放置したまま失踪する人、孤独死による残置家財の撤去が必要になったりと退去手続きが不可能となる人がおり、市営住宅担当職員はその処理に時間と税金を使うことになる。市営住宅は税金で建設され、その運営もさまざまなカタチで税金が投入されている。そうしたことを考えると、あまりにも優遇されすぎているような気になり、私自身連帯保証人を不要にすることに踏み切れなかった。しかしながら連帯保証人の不在のために入居できないのでは住宅セーフティネットしての役割を果たしていないと感じ、連帯保証人を不要に「できない！」を考えるのではなく、困っている市民のために「できるための方策」を考えた。

連帯保証人の課題解決に向け、市ができる範囲で考えるのではなく、民間のチカラをいれることによって新たな連帯保証人の仕組みを作れないかと考えていた。居住支援協議会の設立と並行して、前出の医療ソーシャルワーカーの猿渡氏が司法書士に声かけし、これらの課題解決のために弁護士や司法書士はじめさまざまな専門職が集まり、私も会員の一人として参画した。将来的にNPO法人の設立を視野に入れ、家賃債務や残置家財の取り扱いなど十数回の会議をへて、仕組みを作ることができた。このような過程をへて立ち上がったのが、居住支援法人でもあるNPO法人大牟田ライフサポートセンターである。このNPO法人の設立趣意書には、「市営住宅において年間十数件の連帯保証人の不在により入居できない人がおり、こうした人たちの入居支援を行う」ことも記述されている。

こうしてNPO法人による連帯保証の体制が整ったが、その一方で市営住宅の入居規定を変える手続きが待っていた。「連帯保証人」としてのあり方や考え方を変えなければならない。つまり連帯保証人とは「人」をもって連帯保証をすることになるが、ライフサポートセンターは「人」ではなく、「団体」である。連帯保証人に求められている連帯保証の機能を細分化し、一人の「人」ではなく、多くの関係機関で役割分担（=社会全体で支える仕組みに）するという考えのもと、庁内の理解を求めたのである。結果、連帯保証の団体は誰でもなれるというものではなく、いくつかの要件をクリアすることで団体も認めることとした。ライフサポートセンターはその要件をクリアし、保証人になることができた。こうして連帯保証人の連署を必要としない場合の規定（市が定める要件をクリアした居住支援団体をもって不用）を整備することで、年間十数件の連帯保証人の不在による不契約者を減らすことができたのである。

第6章　住宅・福祉部局の連携で2040年を乗り越える

6・1　地域を守り通す自治体職員

２０１７（H29）年秋、有給休暇を取って職場の仲間と夕張市を訪問した。２００７（H19）年３月、夕張市が財政再建団体に認定されたとき、当時の大牟田市も財政的に厳しい状況にあり、「第二の夕張」と言われていた。通勤途中、マイクを持った報道関係者から「第二の夕張と言われているがどうですか?」と声をかけられたことがきっかけで、その後も夕張市が気になっており、いつか直接話を聞きたいと思っていたからである。２００９年法改正があり、現在は財政再生団体というが、認定されてから10年を迎えるなか、知人を通して夕張市職員のSさんを紹介していただき、念願かなって訪問することができた。

市役所の会議室に通された私たちは、認定された当時から今日までにいたる行政内での出来事とマチの現状について話を聞いた。財政破綻後、財政立て直しの担当となったSさんは、数々の苦い経験をすることになる。歳入を増やすために市税の引き上げやゴミ・下水道・公共施設使用料・軽自動車税の値上げをする。一方、歳出を減らすために、小学校６校と中学校３校だったものがそれぞれ１校に統合された。またベッド数が１７１床あった市立病院は19床となり、現在は無床診療所だけとなった。さらに職員数は半分に減少し、一般職員の月額給与は３割もカットされることとなった。地方公務員という安定した立場であるにもかかわらず、このように給料もコ

夕張市のマチ外れに建つ市営住宅（元炭鉱住宅）

ストカットされたのである。こうして徹底した再建計画に基づき行政職員の人員削減に取り組んできたが、想定と違ったのが、給与の高い年配職員の残留だった。高コストの職員から辞めることを想定していたが、結果的に若い人たちが夕張市から出て行ってしまったのである。

マチなかに目を向けると、財政再生団体となった当初は、いたるところで住民から怒号が飛び交ったらしい。またある時は、住民と話しているときに死ぬかと思ったこともあったそうだ。小学校の体育館で雨漏りがしていても修理するお金がないため、自らブルーシートを張ってその場をしのいだ。マチ外れの住宅につながる水道管が破裂して漏水しても、水道管の修理ができず水道を止めることしかできない。しかしそうしたことを続けていくと、市にお金がなくこれまでとは違うことを認識し、納得はしていないものの、しだいに住民も今の状況を理解してくれるようになったそうだ。

さらに炭鉱住宅だった社宅の払い下げを受けた市営住宅は、

雑草が生い茂る市営住宅（夕張市）

大規模な敷地に何棟ものコンクリート住宅が広がり、市内にはこうした市営住宅が点在しているとのことだった。私たちが訪問した市営住宅は市役所から車で20分の場所にあり今も入居者がいた。1棟20〜30戸の住宅に2〜3件の世帯が入居していた。老朽化した住宅や遊具は修繕するお金がなく、加えて、雑草が生い茂っており、まさに廃墟と言っても過言ではなかった。ただ私たちが訪問したときはインフラ維持費を少なくするためのコンパクトシティ計画が策定され、町なかへの集約第1弾として、平屋建てのモダンな市営住宅が建設されていた。

かつて11万6千人という人口規模だった夕張市の人口は、現在9千人弱まで減少した。人口減少やコンパクトシティ計画によって住民は町なかへ移転する一方で、空き家は郊外を含めて増加する。加

老朽化した空き家（大牟田市）

えて公共施設も閉鎖され、予算や権利関係の諸事情もあって解体することもできない状況にある。まさに地域が廃墟化していたのである。たかが空き家という人もいるだろう。されど空き家はマチを空虚化させる要因の一つである。今日、日本にかぎらず世界中でもさまざまな想定外のことが起こっている。人口減少縮退社会が進むなか、夕張市の問題は決して他人事ではないような気がしてならない。仮に夕張市のような状況を大牟田市が迎えることになったとき、自分自身が本当に地域を守り通すことのできる自治体職員だろうかと自問自答した。

6・2　空き家という言葉の背景にあるもの

上の写真は、老朽化し、今にも壊れそうな一戸建ての住宅である。目を疑うかもしれないが、1

階奥に人が住んでいる。隣接する居住者は、「どうにかしてくれ！」と市役所に来られる。市役所住宅部局の制度に空き家解体費補助制度（解体費の上限90万円、補助率１／２）があるが、空き家ではないため、補助事業の対象にならない。仮に運よく転居できたとして、この解体費補助制度を使って、家主に解体を促しても解体できない。なぜなら、毎月ぎりぎりの生活費でやりくりしている人にとって、解体費の１／２の自己負担は死活問題となるからである。結果、この解体費の補助制度は隣接住民や地域の人からすると何ら解決になっていないことが分かる。この問題は、行政に「居住支援」の視点が欠けているからである。行政の単一部局だけで施策を作ろうとすると、こうした補助制度を作って責任を果たしたことになる。仮にこの施策を作る段階で福祉部局と連携し、居住支援の視点を絡めることができれば、この補助制度は個人向けから地域のための制度となったのではないだろうか。こうした生活困窮者の居住の問題は根が深いからこそ、官民関係なくさまざまな人たちの関わりが重要になってくる。

超高齢社会を迎え、皆さんのマチではどのようなことが起こっているだろうか。「税収が減ってきた」「社会保障費の一部である扶助費や繰出金が増えてきた」「行政の正規職員が減っている一方で臨時職員や嘱託職員は増えてきた」「仕事ばかり増えて人が足りない」「過疎地域等の買い物難民や移動販売の要望が増えてきた」「ＤＶや虐待が増えてきた」とつぶやいている職員がいる。さらに「空き家が増えてきたが原因は何か」「空き家に住んでいた人はどこに行ったのか」

「老朽化したインフラなどの更新財源は大丈夫か」など、行政内外でさまざまな問題が起きている。少子高齢化による人口減少と空き家の増加は自治の原単位であるその地域に人がいなくなることで自治会の機能が弱くなることを意味する。私が住む小さなマチでは、今でも道路の除草作業や清掃作業などが地域住民が主体となって行われているが、自治会の機能が弱くなると、これまで地域住民で行ってきた清掃活動などを行政が行うことになる。ただでさえ税収が減り財源が足りないと言っている行政にとって、さらなる財政支出は大きな負担となってくるだろう。

ある日、近くの病院の事務局長に会いに行く途中で知り合いの校区自治会長に出会った。自治会長は隣市の元公務員で、現在は自治会長として地域活動に熱心に取り組むのに加え、民生委員の地区会長もやっている人だ。話を聞いてみると、民生委員の改選があり、なってくれそうな60〜70歳の人を探しているとのことだった。しかし現実はかなり厳しい状況にあり、「親の介護があるからお手伝いできない」「私は忙しいから無理」という人ばかりで、なり手がいなくて大変と嘆いていた。一方、街灯代を徴収しに行くと「お金がなくて払えません」と言われる。冗談半分で街灯を全部撤去してしまおう！と言っていたが、本当にどうしたらいいのか困り果てていたのである。この背景には、単身高齢者や母子家庭の増加などがあるとのことだったが、食べていくだけで精一杯という人にとって、住んでいるマチのことを考えるのは二の次なのだろう。

このように空き家が増えるということは決して住宅というハードの問題だけに留まらない。地域コミュニティにも深く関係している。市内にある昭和50年代に開発された100戸程度の新興住宅地で、現在住んでいる住宅の今後について聞き取り調査を行った研究がある。自分の子どもたちの意向確認を前提としたこの調査で、この家を誰が引き継ぐかを聞いたところ、約半分の世帯で誰も引き継ぐものがいないことが分かった。居住する人の多くが単身および高齢夫婦世帯であることから、居住している人が亡くなったら空き家になることが推測できた。加えて、仮に平均寿命で亡くなった場合、20年後のこの住宅地で約半数の住宅が空き家になるとのことだった。

住宅部局の職員は空き家を単なる個人資産の問題として捉えるだけだろうが、空き家という言葉の背景を知ることで、わがマチの将来のまちづくりのあり方を考える一つのきっかけになると思う。住宅にかかる問題は人々の暮らしの根幹に関わる問題だからこそ、皆さんのマチで起こっていることを自分事として受け止め、わがマチの住民に見合った施策をつくることが大切である。そうした当たり前の感覚が醸成されることを期待したい。

6・3　居住支援を進めるために庁外のチカラを借りる

役所の慣例や慣習からはみ出したことをすると必ずと言っていいほど抵抗勢力が現れる。大牟田市で居住支援に取り組み始めたときもそうだ。最初から市役所内で快く受け入れてもらったわ

2014年10月24日
シンポジウムの様子

けではない。新しい取り組みをしようとすると、役所特有の縦割りによるものと思われるが、自分のところに仕事の一端が飛んでこないかという警戒感を前面に出して対応される。そんな人はたいてい腕組みをし、身体を斜に構えていることが多い。警戒感だけだったらまだ話せる余地があるが、あからさまに足を引っ張ってくる職員もいる。こうした人たちに居住支援の必要性について理解を求めようとすると心身ともに疲れ果てる。

大牟田市における居住支援の取り組みが大きく前進した背景には、一般財団法人高齢者住宅財団による協力があったからだ。バリアフリー住宅士養成講習会のときもそうだったが、役所だけでなく、官民協働のスタンスで取り組んだ。この経験から、庁外のチカラを借りることは行政施策を進めるうえで有効な手段だと確信していた。そこで居住支援を理解してもらい、市役所内にも広めていくために市役所の外堀から埋めていくこととした。居住支援活動がスタートした翌年、２０１４（H26）年10月に「高齢者住まいシンポジウム in おおむた」を開催する

1. **地域包括ケアシステム構築は自治体運営の最重要課題**
   - 社会構造が大きく変化し、担い手が減少するなかで、増加する高齢者をどのように支えるか
   - 住民、関係者がバラバラに動くのではなく、同じ方向を向いて協働する必要がある（効率的な運営）
2. **認知症の人を支えるまちづくりを軸にした地域包括ケアの推進**
   - 認知症をきっかけにした地域協働、官民協働の取り組みは大牟田市の強み
   - 認知症の人が住みやすい（安心して徘徊できる）地域は、誰もが住みやすい地域
3. **地域の多様な主体（地域住民、NPO、大学、企業など）との連携の推進**
   - まちづくり協議会を主体としたコミュニティベースの生活支援の促進
   - 医師会と連携した地域包括ケアシステムのビジョンづくり
4. **活きている「空き家」の活用**
   - 約1000戸の空き家は、貴重な社会資源
   - 住宅確保要配慮者が安心して「住まい」を確保できる地域は誰もが安心して暮らせる地域
5. **行政経営（組織横断的な取り組み）としての地域包括ケア**
   - 市民の生活に関わる以上、市役所内のすべての部署が地域包括ケアに関係がある

図6･1　地域包括ケア実現のために（2014年10月24日シンポジウムにて、古賀道雄大牟田市長が語る）

ことになる。高齢者住宅財団の紹介により全国の名立たる人たちを大牟田に招聘し、市民や福祉に関わるさまざまな専門職を対象にシンポジウムを開催した。居住支援協議会で主催する大規模なシンポジウムは、2年に1回のペースで開催し、共催として高齢者住宅財団に関わってもらった。シンポジウムの開催目的は、住まいから見た地域包括ケアシステムの構築とし、市民に向けてメッセージを発信するものであった。

開催したシンポジウムでは当時の古賀道雄市長にも登壇してもらった。市長に登壇してもらうには、当日のプレゼン資料作成に加え、事前にレ

クチャーしなければならない。市長とのやりとりはとても気を使うが、居住支援を理解してもらう絶好のチャンスであり、私たちがコツコツと庁内で理解を求めていくよりは、シンポジウムでの市長の発言によって格段に進む。とくに、居住支援と地域包括ケアと地域共生社会は切っても切れない関係であり、市長の発言には、「社会構造が大きく変化し、担い手が減少するなかで、増加する高齢者をどのように支えるか。効率的な行政運営をするために、住民や関係者がバラバラに動くのではなく、同じ方向を向いて協働する必要がある。すなわち、地域包括ケアシステムの構築は自治体運営の最重要課題である」という発言もあった。さらに「行政経営において、市民の生活に関わる以上、市役所内のすべての部署が地域包括ケアに関係がある」との発言もあった（図6・1）。

そのほか、国交省や厚労省の課長クラスの方たちからも、大牟田で取り組んでいる居住支援は決して珍しいものではなく、これからの国の政策にとって必要な取り組みだということを発言していただき、後押ししてくれたのである。始まったばかりの大牟田市の居住支援だったが、このシンポジウムを契機に大きく前進したことは間違いない。参考までに、シンポジウム参加者から貴重な声をいただいたので記載しておくこととする。

（シンポジウム参加者からの声）
・これからの大牟田はハコモノを整備していくのではなく、ソフト面をさらに充実させ、他よりも進んでいるがために、すでに「たたみ方」を考えないといけないところまで来ているのが凄いと思った。行政は縦を横にすることが非常に困難だと思っているため、「地域包括ケアはトップが手がける政策」という言葉が心に残り、率先して実践している大牟田は素晴らしいと思った。

・「サービスのたたみ方」という話は実に興味深かった。「未来」という言葉が現実味を持っており、新たな一面から「高齢者居住」を考えるきっかけになった。

・さまざまな取り組みが具体的に分かって良かった。とても参考になりました。地域包括ケアシステムのなかでの住まいはとても重要だと思っている。園田眞理子先生が言われたように、頭も軽装備にして、現場の目線、住まう人の立場での住まいづくりができるといいと思った。多職種や地域の方、色々な人の知恵とチカラが必要だなと思いました。

6・4 全国の自治体で居住支援が動き始める

2017（H29）年度、高齢者住宅財団から声をかけられ、「低所得者高齢者等住まい・生活支援の取組（以下、「地域善隣事業」という）に関する普及啓発事業」に関わることとなった。

地域善隣事業とは、地域にある空き賃貸住宅や空き家を活用して「住まい」を確保し、住まいのマッチングや近隣住民や地域とのつながりづくり、支援対象者のニーズに応じた継続的な相談・生活支援等の「住まい方」の支援を行う事業である。低所得者や社会的孤立等により地域で居住を継続することが困難な人を、安定的・継続的に地域生活を営めるよう支援する取り組みである。

高齢者住宅財団では、こうした地域の空き家・空き賃貸等の低廉な住まいへの入居支援と、入居後の見守り等の生活支援をあわせて提供する「地域善隣事業」を提唱する一方、国土交通省では居住支援協議会の仕組みを活用した低所得高齢者等への入居支援・生活支援のための体制整備が喫緊の課題となっており、「新たな住宅セーフティネット制度」に取り組み始めたところだった。そこで、両者の動きを結びつけて、地域善隣事業の取り組みを推進するために、全国を8地方ブロックに分け説明会を開催することとなり、私もお手伝いすることとなった。説明会には地方公共団体の福祉・住宅部局の担当者、居住支援協議会や社会福祉協議会、社会福祉法人、NPO法人等の入居支援・生活支援に関わる人たちに集まってもらい、居住支援の理解とネットワーク構築の機会として事業を進めてきた。この普及啓発事業に参加した地方公共団体の職員からの「私たちのマチでも居住支援の推進が必要だ!」という声をうけ、その後自治体へ直接訪問して居住支援にかかるさまざまな支援を行うこととなった。

いろんな自治体から話をいただいたなかから、中国地方整備局と中国四国厚生局が連携した鳥取県と広島県府中市における具体の取り組みについて紹介したい。鳥取県では、2012(H

24）年に居住支援協議会を設立し、住宅確保要配慮者の住まい探し事業を目的とした「あんしん賃貸支援事業」に取り組まれていた。この事業は宅地建物取引士の資格を持つ不動産のプロを2名配置し、高齢者や障がい者等の入居支援を行うものであり、相談者と不動産事業者・家主・支援団体等の間に立ち、2人の宅建士がコーディネーターとして活動する役割だった。ところがここ数年、相談対応件数や入居実績が減少傾向にあったことから立て直しを図ることとなった。減少した主な原因は、これまでにマッチングした入居者によるさまざまな問題に対して解決するための生活支援等のフォローがなく、結果、不動産事業者・家主などから入居を拒まれていることにあった。こうした状況に危機感を持った県は、人事異動によって異動してきた林業職の熊澤係長を担当に配置し、解決に向けて取り組むこととなったのである。

２０１８（H30）年、鳥取県居住支援協議会主催によるセミナーが2部構成で開催された。第1部のセミナーは私の講演、第2部は高齢者住宅財団の落合部長のファシリテーターによるグループワークといった内容である。参加者は、鳥取県および県内市町村の住宅部局・福祉部局の職員、地域包括支援センター、社協、不動産事業者などの居住支援に関わる当事者に加え、中国地方整備局、中国四国厚生局の職員もオブザーバーとして参加した。

グループワークでは県内を3ブロックに分け、同じエリアで活動するさまざまな職種で同じテーブルを囲み、居住支援に関わる問題を本音で出し合った。参加した人からは、「知り合いになれた」

「福祉ではない業種の方のリアルな声が聞けて楽しかった」「各職種の取り組みが分かって良かった」との声があった。サービスを提供する事業者や被援護者を支援する側にはさまざまな専門職は存在するが、それぞれ自分たちの専門領域に特化するため、他業種のことを知らない専門職が多々いることが、この声から分かると思う。また、全体を通した感想には、「居住支援は今まで考えてみなかった概念であった」「自分が当事者となる可能性があるので学ぶことが多かった」「自分の両親の今後のことや将来の空き家問題について考えさせられた」「住宅オーナーが抱える問題と多様な問題を持つ要支援者に対応できるシステムが必要」「福祉と住宅の関係性を持たせることが必要だ」等があった。被援護者を支援するということは、生活を支援することだと意識し、時には鳥の眼で見ることが重要である。鳥取県における居住支援の課題は、住民の生活に密接に関係する市町村の関わりが薄いことにあり、生活支援の資源と有効につながっていないことにある。今回のグループワークでは、そうしたつながりづくりの場を作り、集まったさまざまな専門職種が知り合いになって緩やかなネットワークを構築することが大きな狙いであった。地味な取り組みだが、これが居住支援を進めるための確かな一歩であり、県が抱える課題解決になると思っている。

鳥取県でのセミナーを終え、翌朝、府中市で開催される居住支援セミナーでの講義のため広島県府中市に移動する。セミナーは鳥取県同様、1時間程度の私の講義の後、グループワークを行うものだった。このセミナーの実現のために尽力したのが市福祉部局の唐川介護保険課長（当時）である。唐川課長とは２０１８（H30）年10月、中国四国厚生局主催の「福祉部局と住宅部局の連携に関する研修会」で登壇したことがきっかけで知り合いとなり、府中市でも居住支援に取り組みたいとのことだった。私たちも加わった数カ月にわたる事前の仕込みと事前調整をへてこの日を迎えることとなった。当日は市の住宅部局・福祉部局の職員、地域包括支援センター、市社協、不動産事業者などに加え、市民の視点から民生委員や居住支援にかかるＮＰＯ法人も名前を連ねた。さらに鳥取県と同様、中国地方整備局、中国四国厚生局課長と職員に加え、広島県の住宅課と福祉部局の課長、市議会議員もオブザーバーとして参加してくれた。

第１部の講演では、大牟田市で進めてきた福祉・住宅の連携による居住支援施策のプロセスと実践を紹介するとともに、行政職員に向けて、「まちづくりが苦手な職員が多いなか、居住支援というツールを活用して住民を巻き込み、協働という視点をもってわがマチの将来を一緒に考える機会になればいい」と提案した。加えて、わがマチのことは「住民から学ぶべし」との考えのもと、グループワークの冒頭、府中市の職員から、「空き家問題の解決策について行政として本当に困っています。皆さん助けてください」と声を上げて参加者に訴えて欲しいと要請した。これは、福祉部局で小規模多機能型の整備推進に取り組んでいたとき、ある小規模多機能型居宅介護事業所の運営推進会議の際、管理者から、「私、運営推進会議をどうやって進めていけばいいのかまったく分からないのです。助けてください！」と正直に訴えられたことがあったからだ。

市としては事業を認可し、2カ月に1回の運営推進会議を義務づけている手前、見て見ぬふりはできないと思い、助けなければならないと思ったことがきっかけである。

この発言によって、グループワークはおおいに盛り上がった。グループワークに参加した福祉部局からは「初めてのセミナーに新しい風が吹いたようで今の府中市に必要と感じた」「居住について考えることがなかった」「行政の方が本気で動くとここまで凄いんだと感じた」「生活支援の仕組みを作る必要がある」との意見があった。一方、今回のセミナーにあまり積極的でなかった住宅部局からは「他業種から自分たちがどのように思われているか（見られているか）を認識できた」「異業種の課題が共有できた」との意見があった。さらにその他の参加者からは、「市内のさまざまな立場の人たちが居住支援について議論できたことが良かった」「行政、地域などのつながりが必要であることが分かった」「地域のみんなで取り組むことが大事」という意見があった。

セミナーに参加した府中市の皆さんの声から分かるように、居住支援を進めるためには、行政や民間といった枠に関係なく、わがマチのまちづくりのために住民と一緒に汗をかき、本音で議論し合える場が必要である。市民生活が多様化する今日、行政だけでは解決できない問題が徐々に増加している。住民と一緒に汗をかくことが苦手な行政職員もいるだろうが、これからのさまざまな行政施策の推進と効率的な行政運営を進めていくためには、こうした協働の取り組みが求められる。協働とは、マチの主役である住民の心に火をつけ、共に考え、パートナーシップのもと行動することである。居住支援の取り組みはまさに協働であると言えよう。したがって居住支援は表面だけを取り繕い、見栄えの良い机上で考えた協議会を作ったからといってモノゴトが進むものではない。居住支援における行政職員に求められる新たなスキルとして、住民に対して「助けてください！」という勇気と受援力が必要かもしれない。セミナー終了後、参加者全員で記念撮影をした。唐川課長のホッとした満面の笑みとグループワーク参加者の皆さんの笑顔が印象的だったが、今後どのような仕組みを作り、どのように展開していくかが重要である。

高齢者住宅財団と共に居住支援推進のお手伝いをしてきた二つの県と市を紹介したが、私たちの役割はあくまでもきっかけづくりにすぎない。今回のセミナーを打ち上げ花火に喩えるなら、次のステージに待っているのは、仲間づくりと一つ一つの事例を重ねていくことであり、手持ち花火のような地味な取り組みである。職場で漫然と機関委任事務のために座っているだけでなく、マチに出ていろいろな声を聞き、問題やニーズを発見し、それに対してどう解決していくのか知恵を絞っていかないといけない。

今回、中国地方の二つの自治体に関わることになったきっかけは、国土交通省中国地方整備局の池田智係長の居住支援に対する理解があったからである。池田氏の地方自治体に対する想いは並々ならぬものがあり、一地方局にこのような人がいるとは驚きだった。加えて２０１８（Ｈ30）年７月に発生した西日本を中心とした豪雨災害により大変な業務があったにもかかわらず、昼夜問わず積極的に取り組んでいただいたおかげである。それぞれの自治体にはさまざまな事情があり、独自の価値観を持った個性的な職員がいる。だからこそ、自治体支援はモノゴトを前に進めていくことの大変さがあり丁寧に進めていかなければならない。居住支援に少しでも興味のある自治体は、こうした縦のネットワークをおおいに活用し、わがマチのために取り組んで欲しい。

6・5 国土交通省の職員がハンズオン支援に乗り出す

２０１９（R元）年度、国交省安心居住推進課による居住支援伴走支援プロジェクトの委員として関わることになった。新たな住宅セーフティネット制度が開始してから1年あまりが経過し、居住支援協議会は２０１９（H31）年3月末現在、47都道府県で設立されているが、市区町村では35に留まっている。また、設立済みの居住支援協議会のなかには、活動が低調なところも存在すると指摘されている。そうした背景のなか、国土交通省において、今回、居住支援協議会の設置に意欲はあるが関係者の合意が得られていない、あるいは関係者の合意は得られているがどうやって設立すれば良いか分からない等といった市区町村または居住支援法人を募集し、国土交通省職員や有識者を直接派遣し、協議会設立等に向けたハンズオン支援を実施することとなったのである。私もこの事業に有識者の一人として参画することとなり、国交省職員と共に支援が決定した3市の伴走支援の内容について紹介する。

A自治体は、福祉部局が居住支援に対して理解があり、市として積極的に取り組もうとしたが、住宅部局が同じ土俵に乗ってこないといった課題だった。福祉部局が積極的に取り組もうとする背景には、地元の福祉系NPO法人が現場で困っていることを福祉部局の職員が真摯に受け止め、そして自分事として受け止め、前向きに解決しようとする姿勢があったからである。しかしながら、市に住宅政策に取り組む部課がなく、住宅に関する業務がいろんな課に付属部品のように組み込まれており、受け皿が明確でなかったのである。

私たちは、庁内で福祉と住宅をつなぐことから始めた。つなぐといっても、私たちが行ったのは、時間と空間を共有する場を作り、そこでA市に起きている居住支援の問題について、本音で話し合える機会を作っただけである。私たちみたいな第三者の関わりは、居住支援に消極的な部課が居住支援の必要性に気づき、関係性が生まれてくることを促し、取り組みの一歩を後押しするだけである。A市の福祉部局では、応募当初からこうした問題課題に気づいており、解決のプロセス（道筋）もすでに見えていたと思われるが、私たちみたいな第三者が入ることで、両部局が対峙することなく、トライアングルの関係性によって意見のやりとりができた。

A市での成果は、年度末に「ケース検討」を開催できたことにあるだろう。不動産事業者やNPO法人に加え、市の住宅・福祉部局などさまざまな関係者が垣根を越えて集まり、ケースを通して知恵を出し、汗をかいたことである。さらにこの会議で住宅部局の職員から居住支援に対して前向きな発言があったことは大きな収穫だったに違いない。A市ではこうしたケース会議を定期的に継続していくことで、居住支援は進んでいくだろう。

続いてB自治体は、すでに福祉部局では居住支援の必要性に問題意識を持たれ、市費で予算措置をして地元のNPOと共に具体的に行動していたのである。しかしながら住宅確保要配慮者の物件確保が思うように進まず、A市同様、住宅部局に協力を求めたが、居住支援に対する問題意識が低いことから、意識を向上させるために応募にいたったのである。行政における住宅政策への問題意識は、どこの自治体も低いのが現状である。これはこれまでの住宅行政のマスト事業が公営住宅を整備することにあったからである。住宅政策を教えてくれる先輩職員がいないことに加え、市民生活の現状を知らないため気づきも住宅部局にはないのが現状である。

そこで居住支援というソフト施策が苦手であることを踏まえ、ここでも、時間と空間を共有する戦略を立て、こうした場を何度も創出するための支援を行ってきた。情報（問題意識）を共有することはとても大切なプロセスであり、このことに気づいてもらうには、生活に密着して施策に取り組んでいる福祉部局が鍵になる。そして現場で問題に取り組んでいる地元のNPOである。さらに居住支援を進めるには不動産事業者の協力が不可欠だが、収益の少ない事業であるがゆえ、協力的な事業者が少ない。居住支援は緒についたばかりでアゲインストの状況であるが、数多くある不動産事業者のなかにも心動く事業者がいることを信じて、居住支援に関わるネットワークを構築していくことが求められるだろう。

C自治体のケースは、住宅部局が居住支援に取り組んでいる自治体である。応募段階で居住支援協議会の設立が決まっており、協議会というカタチだけが先行していなければいいなと思っていたが心配は的中した。行政（ハード系部局）が組織する一般的な協議会は、事務局としてモノゴトを整理し、方針や具体の施策を作り示すことで協議会は完結しているものが多い。しかし、住民と直接向き合い、自ら対応する居住支援協議会は、スタートしてみるとなかなか手ごわい事業だったのである。居住支援協議会というカタチを作ることが目的になってしまった感は否めない。居住支援を入り口とした相談者の多くは住宅を確保するだけでなく、相談の背景を紐解きながら、複雑に絡み合っている相談内容をアセスメントすることが求められる。こうした相談を行政職員だけで進めるのはとても厳しく、多くの専門職によるアプローチが必要である。

C自治体の今後の取り組みは、行政内の連携に加え、福祉系団体（高齢者や障がい者等）と不動産事業者の民間事業者と顔の見える関係を構築することにある。そして専門職が動きやすい環境づくりをするのが事務局の役割であり、知ることにある。担当する事務局に求められる資質に行政のちっぽけなプライドは不要であり、市民のためにいかに黒子として、そしてしたたかに舞台回しができるかである。居住支援協議会という組織を通して、地域資源を発見し、居住支援に関わるさまざまな団体や人と関係性を構築していくとともに、地道な作業になるだろうが、相談ケースの一つ一つに丁寧に対応していくことが求められた。

今回三つの自治体の支援に関わらせてもらったが、新しい風を起こすために、私たちみたいな外部の人を活用することも居住支援を前進させる手法の一つである。最初の現地訪問でのヒアリングによって問題課題が見えてくる自治体もあるが、居住支援がなかなか進まない原因が表面には出てこない自治体もあった。それぞれの自治体における組織上の問題やさまざまな人間関係があり、今回の伴走支援は一瞬たりとも気が抜けないライブ感満載の取り組みだった。しかしながらこうした難しい取り組みを国交省の職員自らが企画し、自治体支援に直接乗り出すことに正直目を疑った。田舎の地方都市で公務員生活のほとんどを住宅関係の仕事に費やし、住宅建設五カ年計画と共に歩んできた私にとって考えられない取り組みであった。紹介したハンズオン支援は国の居住支援に対する本気度が伝わってくる取り組みであり、たった25年で社会が大きく変化し、時代は変わったなと感じたのだ。

居住支援の取り組みは、地域包括ケアの取り組み同様、庁内横断的な業務であり、行政が最も苦手とする施策である。研修会等はあくまできっかけ作りでしかない。よその自治体がやっているからとか、機関委任事務が得意不得意はどうでもいい。護送船団方式の行政運営は古いことに気づき、市民のために、そして自分たちのマチのためにどういうことができるのかをみんなで一緒に考えることが重要である。

6・6　居住支援のニーズは散在している

前に紹介したとおり、いろんなご縁があって居住支援に取り組もうとしている全国各地の自治体を訪問し、住宅と福祉部局の職員と話をする機会がある。そこで住宅部局の職員に、住宅に困っている住民はいないか聞いてみると、「住宅に困っているといった話は聞いたことがない」「住宅の問題は起きていない」「私たちのところには市営住宅があるので困っていない」という。本当にそうだろうかと疑問に思っていつも話を聞いている。

6年間課長として関わった大牟田市の市営住宅管理の窓口では、入居者によるさまざまなトラブルが発生していた。認知症高齢者の徘徊や単身高齢者にかぎらないが年間10件近く発生する孤独（孤立）死に加え、家賃滞納から自治会費の不正使用問題など、入居者によるトラブルや問題は日々絶えない状況だった。市営住宅30団地・2千800戸にも及ぶ管理戸数に加え、入居者の高齢化率が市平均を10ポイントも上回っているとそうなるだろう。こうした問題が発生すると、これまでの担当窓口ではトラブルや問題を起こしている入居者を呼び出し（あるいは訪問し）、何度か注意して改善しなければ退去させる方向で話を進めていく。また家賃が払えない入居者には再三再四にわたる督促を行い、最終的には訴訟を起こして退去させることとなる。市営住宅を管理する側は目の前の問題を解決できただろうが、はたしてそれでいいのだろうか。自らの言動が引き起こした住宅喪失とはいえ、もしかすると違う切り口で対応していたならば、行き場を失うことにならなかったかもしれない。

トラブルや問題を起こす入居者の行動には何らかの原因があり、その原因が何だろうと当事者の話を聞きながら探していると、さまざまな福祉サービスにつなげることによって解決できる内容もあった。しかしながら、従前の住宅管理手法を取っている自治体の窓口では福祉部局にも相談することなく、問題が住宅部局の窓口で止まっていることがある。住民の生活を住宅というハコでしか捉えることができず、市営住宅というハコに適応できなければ退去という流れから脱しなければならない。公営住宅の役割が終の棲家に変化している今日、住民に寄り添い、生活の視点で捉えることができれば、その対応はおのずと変わってくるはずである。これが居住支援でいう生活支援である。求められているものは福祉部局へつなぐという情報共有のための行動連携だけである。

一方、福祉部局の窓口に住宅に関する相談があると、「住宅のことは分からない」「不動産屋さんに相談してください」で終わる自治体もあるが、何とか解決してあげたいという前向きな福祉部局の担当者は住宅部局へ相談する。ところが肝心の住宅部局に相談に乗ってもらえないという自治体もあった。M市の生活支援窓口担当者からの切実な訴えは、生活困窮者向けのパンフレットを作成し、「専門の相談員が寄り添いながら解決に向けて支援します」と書いてあるが、住宅に関する相談がきても解決するための連携先がないとのことだった。その背景は、以前住宅のことで住宅部局に相談したが取り合ってもらえず、「居住支援は福祉の仕事で、住宅の仕事ではない」と言われたことにある。生活困窮者の相談内容は一つにかぎらない。収入が低いことに加え、子どもの問題や住宅に関することなど複数の問題を抱えており、複雑に絡み合っているにもかかわらず、福祉という言葉で簡単に片付けられる実態があり、住まいに関係する相談を受けることができず、「このパンフレットを表に出したくない」と悔しい想いを滲ませていた。行政の縦割りによる弊害は、市民が最後の砦として相談した市役所でも解決できなかったのである。

居住支援のニーズは、市役所の窓口をはじめ、さまざまな制度の実施機関や団体に散在している。一つの窓口で「このように対応した」ではなく、「対応できなかった」という情報が埋もれており、その情報を明らかにしていくことが求められる。住宅部局が連携し、居住支援に取り組むことで埋もれていた居住支援のニーズを明らかにし、これまで対応できなかった住宅相談に対する解決の糸口（出口）を作ることができる。福祉部局の現場では、住宅という出口がないから相談が滞るという現実もたくさん出てきている。その出口の一つが居住支援協議会であり、生活に関する問題に居住支援協議会や居住支援法人が関わることで、問題解決の幅が広がるかもしれない。

第7章　自治体職員が変われば地域が変わる

7・1　縦割りの行政組織から、横つなぎの組織へ

２００５（H17）年の介護保険法改正で「地域包括ケアシステム」という用語が使われはじめ、その後２０１１（H23）年の同法改正では、条文に「自治体が地域包括ケアシステム推進の義務を担う」と明記され、各自治体において同システムの構築が義務化されることとなった。ご承知のとおり、地域包括ケアシステムとは、「高齢者の尊厳の保持と自立生活の支援の目的のもとで、可能なかぎり住み慣れた地域で、自分らしい暮らしを人生の最期まで続けることができるよう、地域の包括的な支援・サービス提供体制を構築する」ことである。つまり、団塊の世代が75歳以上となる２０２５年を目途に、重度な要介護状態となっても、住み慣れた地域で自分らしい暮らしを人生の最後まで続けることができるよう、医療・介護・予防・住まい・生活支援が一体的に提供される地域包括ケアシステムの構築が求められており、保険者である市町村や都道府県が、地域の自主性や主体性に基づき、地域の特性に応じて作り上げていくこととなっている。

この考え方を示した概念図が図７・１であるが、発出元である厚労省老健局が描いたポンチ絵には、住まいが中心に描かれており、外から介護サービスや医療サービス、生活支援・介護予防を提供するようなイメージである。しかしながら、このポンチ絵を初めて目にしたとき、外側の三つの構成要素は福祉部局で取り組むことができるが、中心に位置する「住まい」という構成要

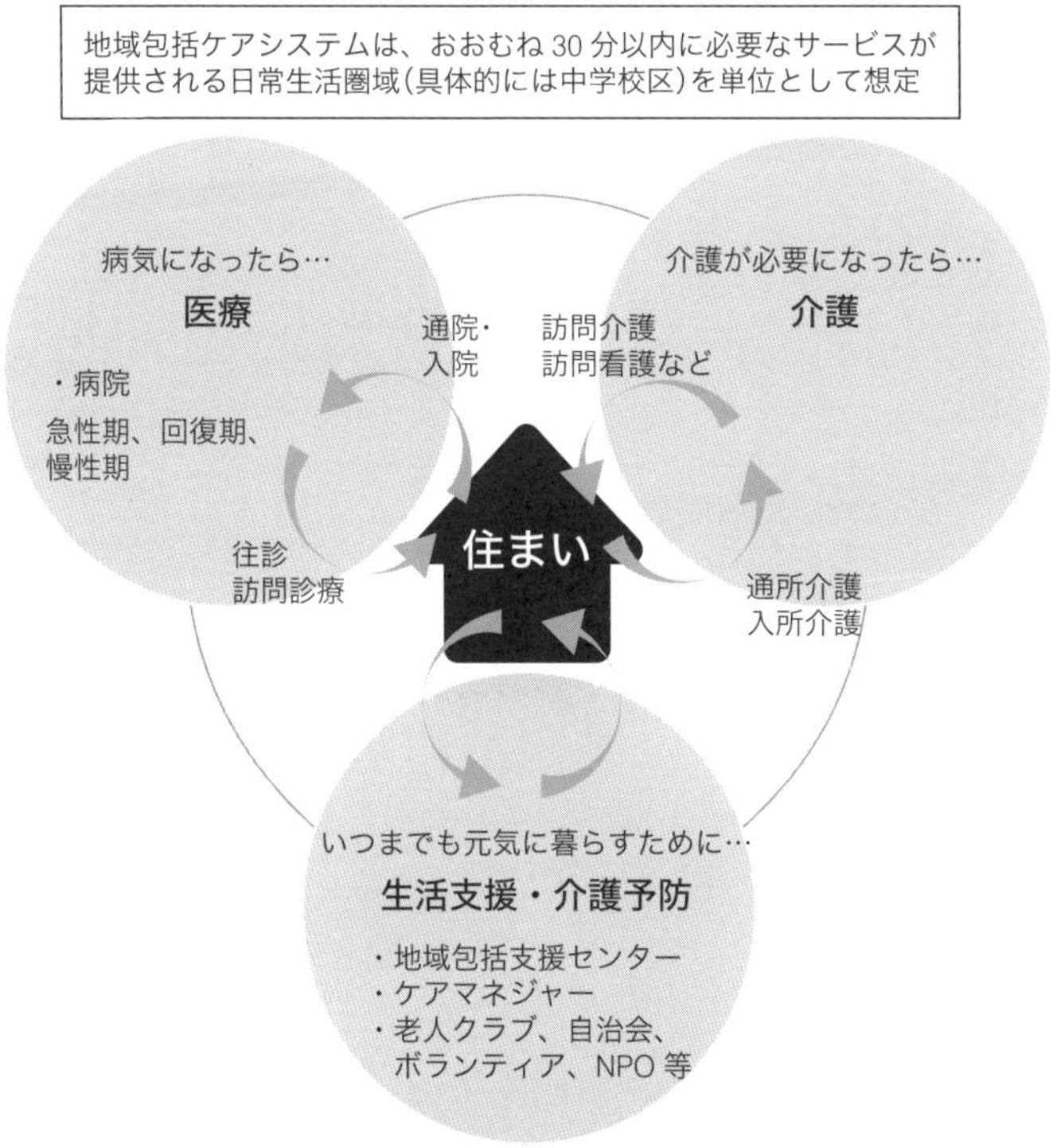

図7•1　地域包括ケアシステムは福祉部局だけでは構築できない

○団塊の世代が75歳以上となる2025年を目途に、重度な要介護状態となっても住み慣れた地域で自分らしい暮らしを人生の最後まで続けることができるよう、住まい･医療･介護･予防･住まい･生活支援が一体的に提供される地域包括ケアシステムの構築を実現していきます。
○今後、認知症高齢者の増加が見込まれることから、認知症高齢者の地域での生活を支えるためにも、地域包括ケアシステムの構築が重要です。
○人口が横ばいで75歳以上人口が急増する大都市部、75歳以上人口の増加は緩やかだが、人口が減少する町村部等、高齢化の進展状況には大きな地域差が生じています。
○地域包括ケアシステムは、保険者である市町村や都道府県が、地域の自主性や主体性に基づき、地域の特性に応じて作り上げていくことが必要です。

（出典：2014年厚生労働省老健局HP資料を元に筆者作成）

素をどの組織で担い、誰が手がけていくのか不思議でならなかった。当時在籍していた福祉部局の職員に「住まい」のことを聞いても、「私たちには住宅のことは分からない」「特別養護老人ホームなどの入所施設がある」といった声が帰ってくる。福祉部局ではこれまでの施設完結型が脳裏に焼き付き、離脱できないでいる現状があり、唯一住宅のことで返ってきた返事が、サービス付き高齢者向け住宅（当時の適合高専賃）や有料老人ホームの存在ぐらいだった。

一方、住宅部局はこのポンチ絵の存在すら知らない。仮に見聞きしたとしても、「福祉部局の所管で自分たちの業務とは関係ない」などと言う。住民からは「住宅と福祉は一連のもので、あなたたち行政が勝手に分けているだけでしょ」と言われるが、こうした自分たちに都合の悪い声に耳を傾けることなく、何もなかったかのようにモノゴトは進んでいく。この背景には、行政組織のなかに「事務分掌規程」と呼ばれる課の業務範囲を規定した文書があり、この事務分掌規程の書き方・読み方一つで「縦割り」と言われる現象が発生する。記載されていない業務についてては、これを盾にして関わろうとしない課も存在し、こうした慣習が横つなぎの連携を阻んでいる原因の一つであるように思える。

行政職員の本音として、「仕事は嫌じゃないけど、これ以上新たな仕事を増やして欲しくない」「人がいないので新しいことをすると批判される」「やってもやらなくても給料は変わらない。やれない理由を考えよう」「定年を間もなく迎えるので波風を立てないでくれ」などと言う職員がいるのも事実である。ある退職者の祝宴の席で「大過なく公務員生活を過ごされ……」と送る側の職員が挨拶していた。「大過なく」とは大きな失敗も成功もなかったというような謙遜の言葉であるが、私には無難な公務員生活を過ごしてきたというふうに聞こえたのである。

一方、役所の仕事も効率化が求められており、多くの部署で業務の見直しが行われているが、そのほとんどがマイナーチェンジ程度の見直ししかできていない。視点を変えて今の業務内容をみてみると、民間にアウトソーシングできる行政事務もあり、なくす勇気も持たなければならないが、大きな変化を嫌い、守りに入っている行政職員は、その一歩を踏み込むことすらしない。時代が日々変化し、複雑化多様化、そして高度化する市民ニーズの時代では、新しいニーズを取り入れ、時代の変化にスピード感をもって的確に対応していくことが求められており、縦割り行政が施策推進の判断を見誤らないようにしないといけない。

私にとって行政の仕事は楽しくやりがいのある仕事だった。今でもそう思っている。地域社会にはさまざまな考えを持った人がおり、そしてさまざまな出来事があり、それに対して答えを出そうと努力する。その答えが一つでないから楽しい。市民の声に耳を傾け、問題課題を見える化する。そしてお互いの妥協点を探る。妥協とは決して悪い言葉ではない。妥協するまでのプロセスを共有することに意義がある。これからの自治に求められるのは、民間や役所といった概念ではなく、手を差し伸べられる人が支援を求める人に対して、解決に向けた横つなぎの仕組みを作ることが求められる。一人ではできない。そのために仲間づくりが大切になってくる。地域包括ケアシステムが提唱されて10年以上が経過し、間もなく目標である2025年を迎える。地域包括ケアシステムを実現するためには、「住まい」を推進する役者がいないではすまされない。住宅部局との連携は不可欠である。地域包括ケアシステムは5年後10年後のマチにとって関係する部課の横断的なまちづくり政策と捉え、共通言語化して取り組むことが求められるだろう。さて、皆さんのマチの地域包括ケアシステムは、中心にある住まいとの連携はどのような状況なのだろうか。

7・2　これからの自治体職員に必要な四つの力

行政の計画に「協働」とよく書いてあるが、行政の都合の良いように使っている気がしてならない。協働という名のもと、単なる財政（歳出）抑止策という意識しかなく、庁内の計画策定会議では、「自分たちは旗を振るから、住民頑張れ！」と言っているような発言もあり、本当に協働を理解しているのか不思議に思うことがしばしばあった。協働という言葉を使って住民任せの施策とし誰も責任を取ろうとしない。こうした職員には自己実現がない。加えてこうした職員が庁内で幅を利かせていると、地域づくりに対する住民の満足感も低く、結果的に財政負担が大きくなることが考えられる。「協働」を使うのであれば、お互いの役割を明確にするとともに、住民とのパートナーシップの意義をきちんと理解することが求められる。

今から20年ぐらい前になるだろうか、「協働」をテーマとした職員研修が開催され、市民協働の策定にかかる庁内委員会のメンバーだった私も参加することとなった。この研修会は市民も参加し、行政職員と合同でワークショップ形式によるものだった。あるテーマでお互い忌憚ない意見を出し合っていると、私たちのグループのおばちゃんからこんな発言があった。「役所の人は法律がどうとかこうとか固いことばっかり言っているが、私たちには法律がどうこう言われても詳しいことは分からない。でも私たちはこの大牟田で現に生活をしている。守らないといけないものは守るけど、社会の状況は変わっているのよ。あなたたちが考えているより世の中は変わっているのよ」。そして間髪入れずに「私たちが法律なのよ」と笑いながら言われた。「結構、大胆な発言をするおばちゃんだな!」とその場では思ったが、そのおばちゃんの発言は、当時のシチュエーションを含め今でも鮮明に覚えている。そして、もともと市役所という風土、公務員という職業に向いていないと感じていた私にとって、自治体職員としての基本スタンスを決定する大きな転機だったかもしれない。

この頃の市役所における公務員の習性を振り返ってみると、上司の意見に同調して媚び諂《へつら》い、一方同僚や部下に対しては自分の立場を守ろうという防衛本能が強いものが偉くなる。公務員という職業は、無理をせず、可もなく不可もなく与えられた業務を無難にこなしておけば、それなりの生活を送ることのできる職業であるが、このことに少々違和感を持った。この違和感が私なりの公務員像を目指すきっかけだった。建築といった仕事以外でも、市民とたくさん話し、たくさんの知人をつくることができた。知人の情報からこれからの大牟田のまちづくりに何が必要なのかを考え、次にどう政策に反映させるかという手法で取り組んできた。

これからの行政計画では策定することに心血を注ぐのではなく、「協働」という意味を理解して、行政と住民が手をつないで取り組むことが大切である。政策や施策の旗を掲げるのが行政職員の仕事ではなくなってきていることに気づき、政策を実現するためには、地域で活動するさまざまな団体や仲間とパートナーシップを組み、「協働」の理念を頭に叩き込み、共に汗をかき、共に実行していくことが市民にとって豊かな暮らしの実現につながる。

こうした変化に対応するために、これからの自治体職員には次の四つのチカラが必要となる。

一つめは、**「住民と対話するチカラ」**である。前述したとおり、協働の視点が重要となってくる。住民と同じ目線に立ち、パートナーシップによる取り組みが必要となる。それには、まず行政職員のちっぽけなプライドを捨てることにある。庁内の職員同士のプライドによる衝突はさておき、住民の本音を引き出すためには相手の懐に入っていかなくてはならない。懐に入るためには、プライドが邪魔になり、門前払いを食らう。むしろどこか抜け落ちているほうが愛嬌があって受け入れられる場合もある。しかしながら役所の職員は満点を取りたがる。これまでの文科省の教育がそんなふうにしてきたのかもしれない。市民生活を守るために満点はありえない。そのことに早く気づくことが必要である。これからのまちづくりを進めていくためには、夕方や夜、土日の会合、あらゆる活動への参加などを求められ、仕事の仕方そのものが変わってくる。加えて決められた処理や文書解釈ばかりではなく、マニュアルのない仕事が増え、むしろ自らマニュアルを作るぐらいの発想が必要かもしれない。「地域づくり」は、これまでの「お役所仕事」の仕方では通用しない施策となる。

二つめは、**「モノゴトの本質を見抜くチカラ」**である。多くの情報が氾濫している今日、正確な情報を得なくてはならない。デスクワークを優先させ、ネット情報だけではあまりにもお粗末である。また自らの所得水準や価値観でモノ言う人がいるが、格差が広がる今日、市民生活の実態を同じ目線で見ないと施策を見誤る可能性を秘めている。また行政職員は、学習する能力は高いが、学んできたことを応用することが下手くそである。一生懸命に勉強して役所に入ったものの、役所に入ることが目的となっており、ゴールだと勘違いしている職員もいる。せっかく身につけた素晴らしい能力を発揮していないのが残念である。もったいない。今、担当している仕事がなぜ必要なのか。5年、10年後の暮らしやすいまちづくりにどのように寄与できているのか、先を見て仕事をすることも大切である。常にアンテナを高く張り、あらゆる情報を収集してわがマチに必要なモノゴトの本質を見極めるチカラが必要となる。

三つめは、**「つなぐチカラ」**である。横につなげるネットワークをつくるチカラやコミュニケーション力が求められる。地域包括ケアシステムを構築するためには、このつなぐチカラが求められる。地域包括ケアシステムは単なる福祉政策ではなくまちづくり政策そのものであり、このシステム構築を掲げ、福祉と住宅をはじめとする庁内の関係部署や地域のさまざまな主体と連携し、住民参加による地域独自のまちづくりをすることが必要である。困っている住民が目の前にいるから、解決するための地域独自の「仕組み」をつくる必要があり、住民が主役であり、行政職員は黒子として関わっていくのである。こうした業務内容が、「合う職員」と「合わない職員」、あるいは住民と一緒に仕事をすることが「好きな職員」と「苦痛の職員」がいるが、行政担当職員が変わっても継続していく仕組みづくりが必要である。住民から人事異動によって変な人が担当者となり、とてもやりにくいとよく言われる。こうした住民主体のまちづくりができる環境づくりも行政の力量であり、場合によっては、人事政策上においても発想の転換が必要かもしれない。

四つめは、**「改善するチカラ」**である。役所にはいつの時代にできたのか分からない前例・慣例（仕事のやり方等）がある。この前例・慣例を必死で守ろうとするまじめな職員が役所には多い。だが一部の職員には、これを盾に、目の前に大きな問題を抱えているにもかかわらず、改善することにチャレンジしようとしない。さらに環境の悪い職場では、若い職員が改善しようとすると、管理職の責任回避本能が働き改善の行く手を遮る者もいる。そうした「万事無難に大過なく」という管理職に諫言《かんげん》する職員も少なくなった。前例・慣例が不必要とまでは言わないが、東日本大震災や熊本地震など想定外のことが起こる今の時代、行政の常識は世の中の非常識と思ったほうが良い。市民感覚というモノサシをもって、自分の考えが適応しているか考えることが必要である。

当時の市長が新年の仕事始めの式で「不易流行」と言っていた。不易流行とは、「いつまでも変化しない本質的なものを忘れないなかにも、新しく変化を重ねているものをも取り入れていくこと。また、新味を求めて変化を重ねていく流行性こそが不易の本質であること（三省堂新明解四字熟語辞典）」と書いてある。今の役所には、この不易の本質を見極めるチカラが必要であり、まさにこうした感覚がこれからの行政組織に求められる。そしてスピード感をもって対応しなくてはならない時代がやってくるだろう。

7・3　これからの社会で求められる自治体職員像

今後、主要都市以外の全国どのマチでも人口減少縮退社会、少子高齢化、単身高齢世帯や認知症、生活困窮世帯の増加、空き家問題等といった現実に直面していくだろう。決して大牟田市だけに限ったものではないはずである。２０４０年に向けて高齢化はますます進展し、社会保障費をはじめさまざまな問題を抱えた行政運営のかじ取りはさらに難しくなるだろう。財源がそここそ確保でき、職員もそれなりにいた時代とは異なり、行政の仕事のやり方そのものが変化していることに気づくことが必要である。10年後、20年後を見据えたダウンサウジングの取り組みはすでに始まっており、行政運営のあり方を根本的に見直し、どうすれば効率的で効果的なまちづくりができるか、職員一人一人が考えなければいけない時代にきている。いまだに都道府県や国を向いて仕事をするような機関委任事務時代の業務を引きずり、まちづくりのできない自治体は今後必ず衰退する。さらに「よそのマチはどうか」「前例はあるか」という上司もいるが、こうした護送船団方式を今も引きずっている横並び的思考が好きな自治体は合併という大きい波に乗りこまれてしまうだろう。自分たちのまちにとって今、何をやらないといけないのかが重要である。これからは、自分たちのマチの実情や特性を知り、課題を把握しその解決方法を発明するとともに、自分たちの未来のマチをどうするのか、あるいはどうしたいかということを住民と一緒に考え、実行する能力が求められる。こうした職員がこれからの行政組織の中枢に求められるだろう。

これからの社会で必要とされない自治体職員の特徴を三つ上げる。

一つ目は、役所には種々の計画があるが、目標や理念を持たない職員が計画作成を担当すると、住民アンケートなどの各種調査を委託業者に任せ、あたかもマチ（現場）のことを知っているかの素振りをして庁内や一部関係者の意向を取りまとめ、予定調和な計画を作る。こうした職員は計画を作ることが目的となっており、策定したら燃え尽きてしまうか、変な達成感を持って異動していく。計画は住民と一緒に将来のマチを描く夢であり、カタチになって初めて生きてくる。自ら行動することをせず、他力本願的な計画は住民から見向きもされない。推進するために必要な知恵と行動力を求められていることに気づいて欲しい。

二つ目に、いまだに役所内で事務仕事をするのが本来業務だと勘違いしている人がいる。こうした職員は、過去の事例をもとに理論武装するチカラや資料作成能力が高い。加えて地方公務員の役割を、法律の執行者であると考え、自ら現行制度上止むを得ないという論理で自縛するのを良しとしている節がある。前例と規則を好み、何事も無難に大過なくの行動を取り消極的で従属的である。さらに質が悪いことに、役所外に出ようとする職員を疎ましく思う職員がいる。管理監督職でこうした価値観を持った職員がたまに現れる。管理するというより監視することに注力し、ときに傍観者的発想により問題提起だけして解決する術を知らない職員と化し、手に負えない存在となる。そうした職員にかぎって、やる気のある部下がいるにもかかわらず、委縮させていることに気づいていない。

三つ目に、チャレンジするより安定志向が強く、現在の業務レベルを脅かすことに異常に反応し、臆病になっている人がいる。こうした職員の特性として他人に責任を転嫁する。情熱がない人、動かない人、人の悪口ばかり言う人、すぐにへこたれる人、次に向けて行動できない人、自分の生活のためと考えている人、いろんな人と信頼関係が築けない人は自治体職員に向いていないので、公務員になることをやめたほうが良い。

一方で、これからの社会で求められる自治体職員は、庁内外においてお互いのことを知り、知ろうと努力している人である。住民ニーズを把握したり、各種コーディネートのために役所の外に出て、住民と同じ目線で話ができる人である。また役所の仕事の仕方が変わりつつあることに気づき、問題意識を持ち、わがマチの住民のために勇気をもって新しいことに果敢にチャレンジできる人である。

これからの時代は今以上に人口減少が進み、とりわけ85歳以上の人口が増加する時代を迎え、多様な価値観や人生観を持った団塊の世代が後期高齢者の主役になる。過去の行政経験が役に立たないことも考えられる。厳しく教えることが難しくなってきている今日、人材育成はなかなかやりづらくなっている。自分のことを自分で教育しなければならない時代であり、人と比べるのではなく、ある意味自分自身と戦わなければならない。行政評価の評価軸も他の自治体と比較する相対評価ではなく、わがマチの住民が評価する絶対評価が求められる。カッコをつけなくていい。カッコをつけると必ず失敗する。住民の声を真摯に受け止め、ニーズに適応した誰もやったことのないことにチャレンジすることが大切である。

小規模多機能型居宅介護施設を整備してきたときも、単なる介護サービスの提供施設としてではなく、地域の暮らしの拠点づくりと考え、まちづくりの視点で整備してきた。たとえ介護が必要になっても、認知症になっても、地域のなかで暮らし続けたいと願う市民のために！である。これが大牟田市における地域包括ケア推進の礎の一つになっている。地域包括ケアシステムを構築するためには、市民を向いて仕事をしなければならない。地域共生社会と言われるなか、医療や介護が中心ではなく、住まいを中心に地域居住を組み立てることが地域包括ケアシステムの目指すところである。本人のチカラを引き出し、地域のチカラを使い、足らないところを互助、共助・公助で補うことにより効率的な社会保障制度が構築できるのではないだろうか。

居住支援における空き家活用は、大工さんたちが当時大切に造った家が空っぽになり、誰も使うことなく放置されているのが、「もったいない」という発想からである。自分たちの政策と重ね合わすことすらせず、仕事を持ち込まれないようにする防衛本能だけが働き、蟻の眼でしか見ない現状にある。居住支援は住宅部局の政策として捉えるのではなく、居住支援を通して自分たちのマチを振り返り、これからのまちづくりのために何が必要なのかということを考えて欲しい。住宅政策は福祉（暮らし）の延長線上で考える時代であり、自治体職員を自負するならば、マチの課題を鳥の眼で見ることが求められるのである。

自己抑制は自分自身を不在にする。脱するには、「一歩前に出る行動」が必要である。行政のなかには必ず足を引っ張るものが出てくる。不協和音に直面したり不遇な立場となることもあるが、市民のために負けることなく頑張って欲しい。これからの自治体職員に必要な能力には才覚と気迫が必要であり、時には側面懐柔をもって柔軟に対応することが必要である。「役所で何をやるのか。何ができるか！ではなく、何がしたいのか」である。危機に直面したときにこそ大胆な発想と決断が求められる。新しいことにチャレンジするというより、住民の声に耳を傾け、変化に気づき、それを実行できるかどうかの勇気が必要である。

おわりに──一度っきりの人生。小さくまとまらない

２０１４（H26）年春、毎年開催される福祉施設の建築視察会でのことだった。知人である大学の先生たちと鹿児島市内から少し離れたところにある温泉施設を訪問した。風呂上がりにオーナーと話していたときに、「職制定年」という耳慣れない話を聞かされる。オーナーは大手民間企業の管理職の経験を持ち、職制定年によって退職され今の施設をつくられたとのことだった。この話を聞き、改めて自分の人生を考えるきっかけとなった。あまり好きではなかった市役所に入庁（当時）したときから、いつか自分で設計事務所かコンサルタントみたいなことをやってみたいと考えていたが、60歳で定年を迎え、その後に事務所等を立ち上げても体力的にも精神的にも厳しいだろうと思い、60歳までのどこかの時点で退職するものと決めていた。こうした考えから、自らを律し、定年である60歳までの時間を圧縮して公務員人生を送ってきたつもりであり、市役所職員としていろんなことにチャレンジしてきた。課長になって6年目を迎え、日々マネジメント業務に明け暮れ、建築が大好きな私にとって市役所という組織が窮屈になってきたこともあり、自ら職制定年を勝手に決め、２０１６（H28）年5月中旬、51歳で早期退職願を提出した。

退職理由は職制定年の考え方のほかに、入庁以来、私のわがままを快く受け入れてくださり、公私ともに大変お世話になった建築住宅課ＯＢの吉冨重人元課長のご逝去にある。課長就任以降、

産休育休の代替職員をなかなか見つけることができず、吉冨氏に再任用職員として市営住宅の営繕業務を手伝って欲しいと嘆願した。それを快く受けていただき、多様な業務に従事してもらっていたが、ある日、自宅で癌が破裂し緊急入院となった。その後入退院を繰り返されたが、熊本地震余震の日（4月14日）に帰らぬ人となったのだ。吉冨氏が課長のとき、私が「福祉部局に異動させてくれ」と申し出たときも快く受け入れていただき、その願いを叶えていただいた恩人である。今の自分があるのは吉冨氏のおかげであると言っても過言ではない。

退職後は事務所を構えて、個々の依頼者に寄り添い、丁寧なモノづくりに関わる一方で、建築行政職がいない小さな市町村のまちづくりや住宅政策などのお手伝いをしたいと思っていた。ところが、退職願を出したその年の11月にご縁があり、今の職場である大牟田市立病院から、「22年目を迎える病院の改修工事と地域包括ケアシステムの推進にチカラを貸してくれ！」との依頼があった。病院という空間が嫌い（怖い）で、何十年と行ったことのない私は10日ほど考えた後、久しぶりに建築の現場に直接携われることに加え、地域包括ケアシステムにおける医療分野を経験することにより、五つの構成要素をすべて体得できると思って引き受けたのだ。

さて、今回本を書くきっかけとなったのは、奈良県住まいまちづくり課が主催するセミナーでご一緒させていただいた当時明治大学におられた園田眞理子先生からの推薦である。小雨が降る中、猿沢池のほとりを園田先生と会場に向かっていると、「牧嶋さん、本を書いてみたら……」

の一言から始まった。私は園田先生が言う相手をきっと間違っているのだと思い、笑って軽く聞き流したのを覚えている。自分の能力は自分自身が一番知っているつもりだった。私には語彙力や文章力など一切なく、私の人生において「本を書く」なんて思ってもみなかったのだ。

こうして、この本を書くご縁をいただき、改めて市役所人生を振り返ることができた。25年間の出来事をいろいろ書いたが、どの出来事をとっても私一人でできるものではない。そこには一緒に汗をかき、アフター5や休日にもかかわらず、ともに行動してくれた仲間がいたからだ。とくに同じ行政の建築技術者の三浦雅善さんや畑田泰広さんの2人の存在があったからだ。加えてその他多くの良き理解者に恵まれたことが取り組みの推進力となったのは間違いない。改めて感謝申し上げたい。そして私の自由奔放な行動を許してくれた妻にも感謝したい。

浅学菲才を顧みず知力をふりしぼって書いた拙本は、公務員を目指そうとしている人や行政組織に入ってみて何か違うぞと思っている人、住宅行政や居住支援に関わっている人、そしてやる気のある自治体職員に読んでいただけたら幸いである。

私の場合、市役所という組織だけに居所を求めず、一歩外に出て住民と同じ目線で話すことで市役所での働き方が変わったと思う。二足の草鞋を履きながら、住民の声に対して真摯に耳を傾けることで、市役所という組織を客観的に見ることができ、それぞれの立場を理解しながら折り合いをつけることの大切さを学んだ。本文中に「不易流行」と書いた。いつまでも変わらない本質的なモノを大切にしながらも、新しい変化を取り入れることである。行政組織はこの流行を嫌う傾向にあり、前例や慣習を盾に新しい変化や価値観を取り入れることの苦手な組織であるが、これからの地方自治では、これまでの価値観が通用しなくなり、今以上に困難を極めると思われる。さらに想定外のことが発生し、否応なしに未知の業務を経験することになるだろう。

役所と住民が敵対しても魅力あるマチとはならない。とりわけさまざまな権限を持っている市役所において、法の番犬は要らない。法の番人が求められる。マチづくりは市役所が与えるものではなく、住民とともに取り組むものだ。だからこそ住民と一緒にマチの将来ビジョンを描くための協働が求められるのだ。ある民生委員さんが認知症SOSネットワーク模擬訓練の講評で、「一人の百歩より、百人の一歩です」と……。今でも記憶に残る言葉の一つである。

役所というところは教育課程のゴールではない。やり方次第で変わるし、楽しいことや面白いこともたくさんある。一度っきりの人生だからこそ、役所という組織で小さくまとまらず、地域という大きなフィールドで活躍されることを願っている。

最後に、今回発刊する機会をいただき、さまざまなご指導をくださった園田眞理子先生と最後まで辛抱してお付き合いくださった学芸出版社の前田裕資社長には心より感謝申し上げます。

２０２１年４月

牧嶋誠吾

牧嶋誠吾（まきしま・せいご）

1992年、民間企業を経て、大牟田市役所入庁（建築住宅課に配属）。公共施設の営繕工事や市営住宅（公営・改良）の建替事業に加え、地域住宅政策の推進に携わる。仕事のかたわら、官民協働・多職種による民間住宅のバリアフリー化推進に取り組む。

2006年、高齢者の生活を知りたいと思い異動希望を出し、保健福祉部長寿社会推進課企画育成担当主査として配属される。地域密着型サービスの整備、実地指導、第4期介護保険事業計画の策定に携わる。

2010年、地域包括支援センターに課内異動。地域包括ケアシステムの構築に取り組む一方、高齢者の生活支援や多重人格障がい者等の虐待ケースに対応する。

2011年、建築住宅課に課長として着任。空き家対策（住宅政策）と生活困窮世帯の生活支援を目的に、住宅と福祉の多職種連携による大牟田市居住支援協議会を設立。また市営住宅の指定管理者制度を導入するとともに、市営住宅のコミュニティ活性化に取り組む。

2017年、大牟田市立病院地域医療連携室次長兼総務課参事。2021年3月、退職。

2021年、一級建築士事務所居住福祉空間研究所設立。大牟田市居住支援協議会事務局長に就任。

福祉と住宅をつなぐ

課題先進都市・大牟田市職員の実践

2021年6月10日 第1版第1刷発行
2024年8月20日 第1版第2刷発行

著者 牧嶋誠吾
発行者 井口夏実
発行所 株式会社学芸出版社
〒600-8216 京都市下京区木津屋橋通西洞院東入
電話 075-343-0811
http:www.gakugei-pub.jp/
E-mail info@gakugei-pub.jp
編集 前田裕資

DTP 梁川智子
装丁 アートディレクション：見増勇介（ym design）
デザイン：永戸栄大（ym design）
印刷／製本 イチダ写真製版／新生製本

ISBN978-4-7615-1375-7